허공 속의 무영탑

노보살 일진행의 행복한 신행 시집

노보살 일진행의 행복한 신행 시집

허공 속의 무영탑

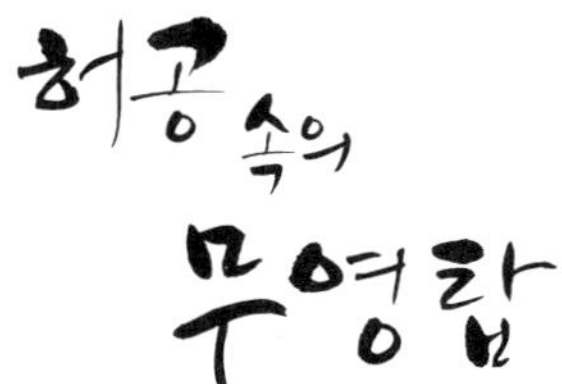

운주사

세 월

쏜살같은 세월이
싱그러운 유월 앞에 와 있네
쪼여드는 일상 속에서도
묵묵히
부처님을 닮아가려는 마음 있나니
항상 넉넉함에 머문다

흔히 있는 말
세상이 흐리다고들 하지만
꿈속에서 깨어나보면
새까만 밤하늘에 묻힌 별들처럼
숨은 아름다움
숨은 사랑들이 숱다히 있다

고개를 들어 세월을 보라
세간의 고뇌를 송두리채 싣고도

무거워하지 않는 세월이지 않는가
숱한 괴로움이
행복의 씨앗임을 진작에 알았던가
온갖 풍랑을 다 겪으면서도
묵묵히 끓어앉고 조용조용
소리도 모습도 숨긴 채
튕겨진 화살처럼 지나가는 세월
또 한해는 반으로 접어든다

유구한 세월이 마치 내 손에 잡힌 듯
파아란 하늘같은 세월
회색빛 허공같은 세월을
수레마냥 유수마냥
어머니 품속마냥
내 마음대로 그려보네
나는 행복하네
세월 따라 가지 않고
세월이 날 따라가네

허공 속의 무영탑

미완성

흐르는 강물처럼 가버린 날을
묵묵히 돌아볼 수 있는 마음 있어
얼마나 다행한가
그 속엔
행도 불행도 함께였었지
무엇을 가지랴 무엇을 버리랴
나날이
죽음으로 다가서면서
진정한 내것이 무엇이던가
소중한 지금 오늘 이 순간이다
남은 내것 하나 하나
그걸 줄여 가면서
그 기쁨을 먹고 산다
누군가
몰래 버리고 간 쓰레기 속에도
기쁨은 들어 있더라
눈이 달라 마음이 달라
모를 뿐이더라
조용히 나를 본다

이대로 이대로가
무상이어라 무아이어라
두 눈을 죽은 듯 감아보지만
호흡을 멎지는 못했으니
아직은 금생이 어느쯤에 있네
이대로 가도 여한 없으련만
수행이 모자라 안타깝네
내 진작에 이런 줄 알았더라면
더 다부진 수행으로
하고자 함을 이룰 수도 있지 않았을까
다음 생은
필히 그럴 수 있기를
일심 서원하면서도
완성보다
미완성의 아름다움으로
보다 큰 기쁨 보다 큰 행복으로
일구어가면서
일생 백생 천생 또한
오늘 지금이 만들어낸다
유구한 오늘 지금으로
이 소중함으로
세세생생을 일구어가리

봄　비

고즈넉이
봄이 오는 소리
부스럭 부스럭
유리창이 얼룩지네

대지 위에 움츠렸던
푸른잎새 대가족이
부시시 눈 비비며
기운 차려야겠네

매화는 한 송이 두 송이
다투어 입 열고
진달래 개나리 터져나올
막바지 준비에 분주하겠구나

자연은 참으로 오묘하기만 하다
죽은 듯한 그 몸에서 소생하지만
지난해 보여준
그 잎새 그 꽃 그 열매 아님을

무상이라 일렀던가

인간은 고즈넉이
가리고 덮고
겸허함을 띠고도
더 잘 살려는
더 쌓으려는 추악함에
발버둥 몸부림이라면
지나친 표현일까

찰나찰나는
지나갈 뿐인데
좋아하고
싫어함에 걸리지 않으면
행·불행이 어찌 따로랴

자연처럼
대자연처럼
묵묵히 맞아서 보낼 뿐인데
어째서
마음에 녹쓰려
힘들게 닦으랴

왜 스스로

행복을 알지 못하랴
저 위대한 자연처럼
봄비 속에
새 마음을 틔워보자구나

무엇을 찾아 헤매었던가

텅빈 하늘과 땅 사이에
인적이 없는 곳

해가 지면
달이 뜨고
달이 지면
별들이 정다히 사는 곳에

과거 현재 미래까지도
구름처럼 모아들여

빈 가슴 훌훌 풀어놓은
육신을 잠들여놓고

마음
나 혼자 떠나보고 싶다

때때로
돋보기 너머로 깊숙이

너를 보듯
나를 본다

잡은 것도
잡을 것도
잡아야 할 것조차도 없는

무엇을 찾아 헤매었던가

느긋이
내려진 마음 앞에

묵묵히
나의 거울을 들여다본다

눈으로
귀로
마음으로

지켜온 세월 속에

갖갖 만남들은
풋풋한 봄내음이었을 뿐

나를 싸고 돌던
온갖 삶의 형상들
어느 하나
내것 아니였으랴만

뿔뿔이 떠나고
남아 내것으로 있는

이 빈손
이 빈마음

아름다워라
이것을 알기까지

숱다히 많은 세월 거쳐
노을빛의 당당함을
만끽할 수 있음이여

옳아
그래서 그 먼길
난행 고행을
아끼지 않았구나

따뜻한 가슴

시려지도록

다음 생을
지향하는 광대함으로

서서히 다가가 본다

누구랑
무엇이랑
함께할 수 없는

오직 하나
나 자신
이것이었구나

마하반야바라밀

나의 자연

산 좋고 물 좋아
마음 넉넉하듯이
이 내 마음
곧 자연이어라
삼라만상이 들어앉은
상상조차 어려운 대자연

내 안에 위대한 자연이 있다
지식이나 육안으로는
캄캄하여도
마음으로 보는 나의 대자연

해가 진들 어두우랴
달이 진들 어두우랴
눈이 없이 볼 수 있어
대명천지
광명천지 왜 아니랴
가없는 나의 자연
그 속에 무엇인들 없으랴

달나라
별나라
삼십삼천
사천하
바다도
수미산도
한 생각 한 생각마다
무엇인들 없으랴

비가 오고 눈이 오고
바람부는 저 허공까지도
천상 지옥
극락인들 왜 없으랴
손바닥 위에도
허공 끝에도 놓을 수 있는
위대하사 나의 자연
어느 어딜 못가랴
눈 깜짝할 사이
우주를 돌아온다
육십 이억 갖갖 인종
빈부귀천
주인에서 노비 걸인
내가 알지 못하는 것까지

내 마음은
평화로운 대자연
탐진치 번뇌망상
쉬어지는 곳
본래로
위대하고 거룩한 그대
내 마음은 대자연이어라

마하 반야바라밀

봄이 오네

무자년 새해
봄이 오는 소리
들리는 듯

봄이 오는 모습
보이는 듯

망상이 피어오르는
중생들 가슴에도
골고루

아직은
차가움을 비집고
대자연의 대자비
다소곳이 날개를 편다

구석구석 어디에도
본래의 아름다움

이 고귀함을
나의 행복으로
우리네 행복으로
소중히 받아들여

굽은 마음일랑
얼음 풀린 봄날처럼
훌훌 풀어내고서

찢고
찢기는
밟고
밟히는
다툼이 없는 삶

조용히
시간이 가듯
고즈넉이
세월이 가듯

나의 삶
우리네 삶이

말없이

두루 밝아져
포근해지이다

대지의 큰 봄을 바라보며
대발원하는 마음 한켠에

나만의 행복이
스스로 행복하다
옹아리치네

마하 반야바라밀

불생불멸

몹시 차가운 날씨다
오늘따라 새삼스레
멋쟁이 우리 그이 생각을 해본다
새까만 코트 새까만 구두에
새까만 장갑 끼고
코와 볼이 빨갛게 상기되어
현관에 들어서는 듯

하지만
숱한 세월 속에서도
이루어질 수 없는 일

차라리
웃으며 보내줄 수 있었더라면
더 후하지 않았겠는가

어느 날
내 자신이 가야 할 때는
상반되는 가는 마음이지만

후히 참작하리라

보이고 보이지 않는 것들을
미리미리 재워
고스란히 내려놓은
넉넉하고 여유로운 모습으로
졸음이 오듯이
조용히 가고 싶다
진작에 없었던
드라마처럼 보여주고 싶다
그럴 수 있도록
촌음을 아껴 정진하리다

갈아입은 옷으로
다시 왔을 때도
줄여 먹고 줄여 자고 줄여 입는
오직
늘려 수행정진하는 님의 제자로
불생불멸의 멋스러움을
항상 지니오리다

감이 감이 아니고
옴이 옴이 아닌 것을
생생하게 옮겨 행하리다

먼 훗날일지라도 누군가들이
생멸이 불생불멸임을
알게 되는 날은
우리 모두 님의 품안에서
하나 되어 기뻐하리

사바세계(1)

나 이 사바세계에 오면서
무쇠같은 업을 업고 어이왔던가
그 업에 밀려
쌓아가는 무형탑이 흔들거린다
조용히 멈추어 설 때까지
나
우리 부처님께 받은 기운으로
기도하리다
참회하리다
어제를 돌아보며
과거를 돌아보며
전생을 돌아보며
미처 못다한 참회기도 마저 하리다

나 이 사바세계에 오면서
칠흑같은 업을 안고 어이왔던가
그 업에 가리어
살얼음판을 어이 건너랴
무난히 잘 건널 수 있도록

나
부처님께 받은 그 힘으로
기도하리다
참회하리다
내일을 바라보며
미래를 바라보며
내생을 바라보며
미처 못 다한 참회기도 마저 하리다

다겁생에 내가 만든 나의 업
참회하여 소멸할 수 있음이
얼마나 아름다운가
늘어진 자락자락 거두어들이며
괴로움이 덜어지는 마음
날로 가벼워짐을 안다
눈물겹도록 아름다운
부처님회상 이 사바세계
내 마음대로 나를 고쳐 만들며
깨달음이 아니더라도
성불이 아니더라도
참회하며 정진할 수 있는 세상
아름다운 이 사바세계라네
나무 석가모니불

사바세계(2)

어느덧
훌쩍 일흔을 넘었다

지난날을 돌아보아
이렇다 할 아무것도 없다

아마도
부처님을 만나려고
이 사바세계에 오지 않았을까

이 한생각만으로
가슴은 뿌듯하다

아슬한 빙판길이
돌아선 듯 이어져 있어도

늘 연습해 온
부처님 닮아가는 마음으로

한 걸음
물러선 넓은 시야에서

세상을 바라볼 수 있있다

흔히들 말하기를

말세라 악세라고들 하지만
나는 아니다

부처님을 만날 수 있는
충만이 가득한 사바세계

언제부턴가 나도 모르게
너와 나, 네것 내것
행 · 불행, 가고 옴 등

그 모두가 따로 아님이
가슴에 사무치며

서로는 서로의 분신처럼 여겨져
탐진치는 점점 멀어져갔다

이러히 실감할 수 있음이

어찌 우연일 수 있겠는가

앞뒤로 돌려입은 법바지
몇 장이 무릎나간 덕분이리라

아무런 대가를 바라지 않았는데
이 편안한 마음은

정녕 부처님께서 주신
새로운 운명의 보주가 아닐까

심히 헤아려보면
얼마나 아름다운 사바세계인가

너를 이해하면
내 마음이 편안하고

너를 덮어주면
내 마음이 따뜻하니

이러히도
너와 나의 유익함을
홍건히 지닌 사바세계

여기
몸을 담고 마음을 담고

부처님과 함께 살고 있으니
얼마나 복된가

이 은혜
헤아려 어찌 다하리

나무석가모니불

말년의 오지랖

무엇 때문 누구 때문이 아닌
나의 운명이기에
말년의 나의 오지랖이 원망스럽지 않다
한 분 계신 고령의 어머니
금생 인연 다하는 날
가슴 파헤쳐질 일 당혹스러워
긴 생각 끝에
날마다 예수재를 해 드릴 마음을 모았다

아미타 부처님께 어머니를 모시고
나무아미타불 나무아미타불
남은 여생 편안하시다가
가시는 길 더욱 편안하시게
극락왕생 상품상생을 간절히 발원하면서
이 인연 공덕되어
연배 많은 어머님들이 함께 하시기를
기원해드린다

불가의 연중행사로

백중 영가 기도를 절도량에 입재하지 못해
나의 도량에서 숱한 날 숱다히
먼저 가신 많은 분들의 왕생극락을 빌고
일체 망령들의 정토왕생을 발원하면서
지금 나의 최선의 길임을 알고
미흡함으로 생각하지 않는다

벼랑에서 떨어진 듯한 마음
매사에 고개 숙이고
고만 고만 가슴을 여밈도
나의 수행임을 배운다
제일의 낮은 곳에 내려앉으니
열어놓은 마음은 더욱 편안하다
이제 채워야 할 모자람이 무엇일까

뒤돌아 보지 않고 훌훌 갈 수 있어
중음의 우려도 없이
얼마나 홀가분한가
이 가벼운 마음을 나 아닌 누가 알겠는가
아하!
이 모든 것이 님이 주신 선물이었구나
이러히 생각할 때
순간 감사에 엉킨 눈물이 펑 터진다
나의 삶

말년의 좁은 오지랖이
참으로 넓은 가이없는 오지랖이다
날로 황혼은 짙어오는데
나와 만나는 모든 것은
충만으로 가득하기 때문이다
나무 아미타불

가을의 문턱에서

한 생을 마감하는 모습으로
다가선 계절은
왠지 나를 돌아보게 하는구나
파란만장했던 그 많은 날은
어디론가 다 가버리고
아무 일 없었던 것처럼이다

조금 늦은 시간에
새벽예불을 마치고
내다보는 파아란 하늘
긴 장마는 걷히고
여름이 주춤 물러선 자리
언제 왔는지 가을이 와 있구나
백년이 그렇게 멀지 않은 듯한 감회는
퍽 오래 살은 것 같은 마음이다
부처님을 만난 인연으로
신심이 날로 익어가면서
금생에 거둔 수확을 감사히 생각한다

가을의 문턱 그 느낌은
마치 하루해가 저무는
한해가 저무는
한 생이 저무는
노을빛 같은 계절이 아닌가
창 밖 어디에서
목숨을 걸고 우는 매미소리
진리를 알지 못하여
마지막 순간을
목청껏 울어대는 것이 아닐까
그 소리 속에
들어앉은 그네들세상
어쩌면 그럴 수밖에 없을 것 같기도 하다

가을의 문턱에서
한 인간으로 남은 여생
밝고 맑은 티 없이 미련도 후회도
두려움도 없이 살다 가려는데
밤새 안녕을 알지 못해도
수행과 정진의 잰걸음을
어찌 늦추랴
부단히 노력하리라

꽃이 피고 지듯이

봄이 완연한 뜨락에
이 화분 저 화분 봄을 뒤적거려본다
솥발산 마을에도
봄은 조용조용 오고 있겠구나
우리 그이 지붕 위에 잔디도
눈 비비며 꿈틀거리겠고
울타리에 매화는 홀로 피어
찬 서릿발에
외로이 꽃잎 떨구지나 않았는가
봄은 아지랑이 타고
날개를 폈다가 접었다가
예쁘고 정겨이 몰래몰래 오는가봐
자연은 대자연은
이러히 어김없이 돌아드네

꽃샘추윈가 제법 쌀쌀하건만
양지바른 창가에
할미꽃은 허리를 펴가고
복사꽃 진달래 해당화는

살며시 입술을 연다
고개를 들어보니
허공 가득히 무상이 널려 있네
슬슬 깔려오는 어둠 속으로
밤은 점점 깊어지는데
구들장을 들먹이는 밤차는
무척 무겁다

만리장성을 따라 돌 듯한 인생항로
어찌 순탄하기만 하랴
험난하여 지치고 힘겨울지라도
최선을 다하는 부처마음 있나니
건너고 넘고 돌더라도 기꺼이 가리라
소중한 나의 한생을
한 폭의 그림으로 아름다히 다듬어가리라
어제를 전생으로
오늘을 금생으로
내일을 내생으로
이러히 가까운 삼생으로
저 먼 삼생을 키우며
꽃이 피고 지듯이 그러히 살다 가리라

마애삼존불전에서

새까만 하늘에
다문다문 큰 별이 보이는 새벽
목욕탕 굴뚝 연기
조용조용 허공을 밀고 오르면서
바람 한 점 없음을 말해준다
법화경 독경 삼년째
막바지로 접어든 백여덟 독이
이제 얼마 남지 않았다

감로사에 새로 나투신
마애삼존불전에서
새로이 탄생할 법화경 삼독
분명
영산회상에서
줄곧 여기까지 이어져 왔으리라
불기 이래
천년이 세 번째로 접혀가도록
고리고리 이어져 왔으리라
번뇌처럼 묘사해 보면서

오늘이 그 사흘째 날이다

진종일
무릎을 꿇었다간 풀고
풀었다간 꿇으며
간간히 물 한 모금씩 목을 축이며
단식 사흘째로
새롭게 부처님을 쫓아가 보는
이색 정진의 길
어제는 겨울같은 바람이
몸을 움츠리게 했다
열시간 여 독경이 끝나고 나면
나무묘법연화경으로 백팔배를 하고
반야심경 한 편이 하루를 맺는다

떨어진 낙엽을 주으며
도량 청소도 곁들이면서
점안때 뿌린 팥 세 알씩을 주워
약인 듯 삼키면서 이러히
보내는 하루를 아쉬운 듯
허허로히 멈추어 있듯이 가고 있는
뒤안길에 서서
먼 허공을 바라보며 무상에 잠긴 순간
망부석처럼 멍하니 있어도 보았다

이런 것들이 나의 삶임을
되뇌이면서
님 향한 마음 금강같음을 다시 본다
나무석가모니불
나무묘법연화경

저승길인들 어떠랴

나 혼자
쉬어넘는 산사의 길
인연도 도반도 다 놓아두고
홀홀 단신이 되어
금방 쏟아질 것 같은
물먹은 나직한 하늘을 이고
새까만 바랑 하나 등에 업고
종종 걸음으로
덥다는 생각도
까맣게 잊어버린 채
땀이 식어 서늘한 삼복더위에
금정산을 오르는
넓디 넓은 일방통행로
차들은 쌩쌩 내려오는데
위로는 구름을 밀고
아래로는 나무가지 흔들며
바람이 지나가는 곳에
누군가 기다리는 것처럼
나 혼자 오른다

우리 부처님
찬탄하는 노래 부르면서
이것 저것 다 놓아버리고
혼자서 가는 걸음
영영 돌아오지 않은들 어떠랴만
지금은 산사로 가는 길
아직은 먼 저승길인 듯하지만
어차피 가야 할 길
가까운 저승길인들
이러히 행복해 하면서 갈 수 있다면
좀 이른들 무슨 상관이랴
너무 좋아하면서 오르는
금정산사로 가는 길
자욱자욱 나만의 행복이 모여드네
좋아라 좋아라
가면 또 오는 오늘이여
여한 없는 나의 삶이여
이 길이 저승길인들 어떠랴
훌훌 벗어던짐이
이러히도 가벼움일 줄이야
복되이 살아가는 나의 삶이여

행　복

무심코 내려다 본 이층 창문 아래
담벼랑 밑 좁은 골목을 저네 안방처럼
새끼를 조롱조롱 달고 누운 어미 고양이
한가로이 낮잠든 그 모습이
어쩜 그렇게도 행복해 보일까
어느 날 새끼랑 어미랑
세워놓은 차 밑으로 떼를 몰아가더니
바로 그 고양이들이구나
때때로 야옹거리는 소리는
마치 자연의 소리처럼 아무리 요란스러워도
어느 누구 시비하려 들지 않는다

시집살이하던 시절
전기도 없는 시골집 컴컴한 새벽에 일어나
아궁이에 불을 지피는데
두 눈에 불빛을 홀리면서 불 속을 뛰쳐나오던 고양이
지금 생각해도 아찔하다
그 시절 그들을 도둑고양이라 불렀다
지금은 많은 고양이들이 그 고양이들처럼 눈에 띈다

그러다가 어느 날
고양이장수 손에 잡히면
애꿎은 돈으로 탈바꿈하겠지

밤낮으로 쫓아가는 문명 속에
음식쓰레기를 뒤지며 숨어사는 운명처럼 보이지만
그것은 내 마음일 뿐
간혹 그들의 합창소리는
행복을 노래하듯 창밖을 지나간다
착하디 착한 예쁜 목소리로
야아옹 야아옹 행복이 넘쳐나는 소리
나는 그네들이 그토록 행복한 줄
진작엔 알지 못했다
올챙이는 연못에서 개울에서
구더기는 자기 삶터에서
그 모두가 더 없는 행복이었구나
세상 속 그마다의 행복이
무한함을 새삼 느껴본다
우주 속에 가득찬 행복이여!

성도재일

갑술년 납월 초이레
칠일정진으로
성도재일을 맞는 거룩한 밤
범어사 도량네를 등불로 누비고
세찬 바람 사이로
너와 나는 부처되려
종종 걸음으로 모여든다
부처님과 나, 나와 부처님
따로 아닌 하나이던 밤
납월 초이레 그 밤은 무르익어간다
오늘 따라
성난 파도처럼 불어닥치는
금시 얼어붙을 것 같은 유난히도 매서운 바람
도량네 수 백천의 연등은 춤을 춘다
자욱자욱 고행인 행자님들의
훈훈한 수고로움으로
야식 잣죽이 그 밤을 녹이며
불가의 가장 큰 명절임을 되새긴다
부처님이 이 세간에 출현하신

이천육백여년 전
피골이 상접하신 육년 고행 끝에
납월 초여드레 새벽 샛별 아래서
깨달음을 이루어내시니
번뇌망상으로 허우적거리던 저희들
그 은혜 입사와 깊은 잠 속에서도
경 구절을 외우고 불보살을 칭하는
살아있는 혼이 되어 있다네
사바교주 석가세존 만세만세 만만세를
마음속 깊이 새겨
세세생생 이 영혼이 다하도록
물러서지 않는 신심으로
저 허공을 채워가리다
나무 석가모니불
나무 마하 반야 바라밀

삶이 무엇인가

삶이 무엇인가
한 순간을 놓지 않고
죽음으로 다가서는 그것이 삶이 아닐까
알고 가느냐 모르고 가느냐
그것이 그 가치일 뿐

삶이 무엇인가
연지곤지 바르고
유행 따라 때때옷 갈아입혀
뒤질세라 바쁘게들 가느라
백년을 천년처럼 만년처럼
걸음걸음 죽으러 가는 길 그조차도 잊고

삶이 무엇인가
쓴 것 단 것 골라 먹여
육신을 살 찌우며
힘들세라 다칠세라 아끼고 여미며
마치 삶의 전부가 그것인 것처럼
촌음을 다투어 죽으러 가는 길인 것을

삶이 무엇인가
누군가 다시 묻는다면
죽으러 가는 길이라 말해 주겠지만
그 소리 듣기 매끄럽지 않으면
다시 태어나러 가는 길이라 말해 주죠
그렇다면 하루하루 죽으러 가는 길이
참 삶으로 가는 길이기도 하니까

삶이 무엇인가
가이없는 아름다움이라
말해 주고 싶다
얼마나 아름다운가
부처님과 맺어진 인연 때문에
내 운명을
내 마음대로 만들면서
나날이 다시 태어나러 가나니

삶이 무엇인가
진정 마음 있는 자
우둔함을 깨고
생을
고쳐가는 길이니라

불세계

흩어진 마음
주섬주섬 거두어 부처님께로 갔다
어쩐지 붙잡히는 마음
나도 모를래라
그렇게 들여놓은 걸음이
어언 강산이 세 번째로 변해간다
날마다
난행 고행에 떠밀리면서도
보람으로 충만으로 세월이 자랐다
오늘이 있기까지
불세계를 향해 내달은 나의 고삐
오지랖에 탐진치를 털어내고
마음 가린 번뇌 걷어내면서
살을 깎는 고행에도 물러서지 않았네
님의 맥박소리 들리는
저 언덕을 향해
한걸음 한걸음 다가가면서
게으름을 쫓으며 이겨온 세월
금강같은 마음은

어느 하루 정진에 소홀하지 않았다
무심히 고개를 들어
허공을 바라보았네
불세계 어느 한 곳에 따로히 있지 않았다
바로 지금 여기
내 마음이 불세계였네
무수히
돌아서 건너서 넘어서 온
멀고도 가파르던 방편의 길
그 하나 하나마다
무지개 빛 추억되어 은구슬을 싣고
가슴에 모닥불로 돌아드네
이러히도 가까이에
불세계를 두고
무지를 내세워 헤매었구나
님이시여!
당신께 은혜하는 길
부단히 수행정진함으로 이를까 합니다

겨울산

왼 가슴에 낡은 법화경을 안고
바른편 옆구리엔 화문석 원방석 한 장을 끼고
댕그라니 지하철 티켓만으로
조용한 겨울산을 찾았다
법화경독경 어언 삼년째
오늘은 낙엽이 내려누운
한적한 금정산 자락
역대 큰스님네 부도탑전에서
나의 간절함을 꽃피운다

벽이 없이도 바람 한 점 없는
대자연의 품에서 여덟 시간
물 한 모금 커피 한 잔이 나를 유혹하지 않았다
진종일 볼일보러 갈 일 없었으니
한 눈 경자에서 떼지 않았지
무릎을 꿇었다가 풀고 섰다가
단 두 자세로 여덟 시간
짧은 겨울 하루
아끼는 시간은 더 바쁜 듯 갔다

아늑하고 조용하긴 했지만
태양이 종일 들어앉은 찌뿌둥한 겨울 날씨
경장을 넘기는 손이 너무 시려워
겨드랑이 품에 녹이면서
고스란히 내려누운 낙엽 위에
법화경 전권이
조용히 내려 깔리는 독경소리
겨울산에 한껏 실어놓았다
뒤늦게 알고 보니
아흔아홉 번을 지나 일부러 맞춘 듯
오늘이 백 번째 되는 독경의 날이었다

게으르지 않은 갖갖 난행 고행은
금강처럼 다져져
까마득히 쌓여가는 허공 속에 무형탑
그 용출함을 명상으로 보며
사랑도 미움도 훌훌 벗어놓고
가벼이 돌아 나오는 길
대도량 범어사 설법전에서
이미타 부처님을 부르며 백팔배를 하면서
오늘을 법계 만방에 회향하고
하산하는 걸음걸음 이러히도 가벼우네
가로수 은행나무는
본래 잎이 없었던 것처럼 알몸으로 남아

그 뿌리 그 가지마다에서
새로운 봄을 일구어 내고 있겠지

오늘 하루도 여느 때처럼
온다는 간다는 말 없어도
한 발 죽음 앞으로
한 발 다시 태어남으로 다가 가면서
발자국 리듬 따라 염불하나니
사방팔방 상하방에 무상의 꽃들이 피고진다
이러는 나 자신이 너무 좋아
잰걸음 걸음걸음 마다에서
행복이 영그르는 소리 들려온다
다음날 아침까지 밥 한 공기 물 한 모금 커피 한 잔
탐하지 않았던 두 밤 하루 낮
그마저도 감사함으로 맺고 싶다

나무 석가모니불
나무 묘법연화경

한겨울 한밤

몇 시쯤 되었을까
아직은 한밤인 것 같은데
귀에 쟁쟁거리는 목탁소리에
관세음보살 관세음보살 관세음보살
염불소리가 입 밖으로 터져나온다

때마침 부스럭 부스럭
겨울 한밤에 내리는 겨울비 소리
천일정진 서울법당을 다녀온
고향집에 푸근함을 준다

몇 권의 책을 늘어놓고
조금은 한가로이 시간을 보내나니
훌쩍 다녀온 길은
마치 꿈속 같으다

얼마나 아름다운가
내 마음대로 만들어가는 나의 삶
이제 조용히 뒤꼍에서

게으르지 않게 정진하면서
그윽한 향기 풍겨날 수 있도록
나 스스로를 여미며 살으리라

건너서 넘어서 돌아서
내가 찾아다니던 길
힘들고 지칠 때도 숱다히 많았지만
새로운 나를 만들어가는 보람은
그 무엇에도 견줄 수 없었다

그 깊은 맛을
먹어보지 않는 자 누가 알겠는가
내가 쓴 시나리오로
내가 만든 드라마를 내가 보는 것 같은
나만의 삶으로
한겨울 한밤을 수 놓으며 지나간다

이따금
관세음보살 관세음보살 관세음보살
노래처럼 흥얼거리며
한겨울 한밤이 이토록 행복할 줄이야

송년 새벽길

새로운 한해를 맞으려
병자년을 보내면서
송년새벽 칠백배
이레기도 사흘째 날
얼어붙는 새벽이다
도량네 깔린 서릿발은
다이아몬드처럼 빛난다

가로등 불빛보다
심오한 달빛 아래
눈부시는 서릿발을 밟으며
그 밟히는 소리에
감응하여 튕겨나온 소리
비로자나 부처님!
순간 눈물이 왈칵 솟았다

음력 동짓달 열이레
양력 섣달 스무이레
하염없는 달빛은

매섭게 차가움을 띄고
나에게로 달려온다

뺨을 에이는 새벽을
한 새벽 한 새벽
신심으로 넘나니
병자년은 저절로 가네

여태껏 쫓아온
난행 고행의 한마당 한마당
속절없이 허공 속으로 쌓여가면서
송년 새벽길까지도
불연을 장엄해주듯
나의 광명으로 다가선다
자랑스러운 나의 일생
어느 하나 빼놓을 수 없는
그 모두
대장엄이어라 대광명이어라

속절없이 가는 길에

하루에도 때때마다 몸심부름 거둬담고
입던옷도 걸어둔채 지갑속에 쓰다남은
동전지폐 보수통장 어느하나 못챙기고
애착하던 중생심을 어떡하고 떠나나요
애닯음에 돌아보다 돌부리에 걸릴세라
자욱자욱 가는걸음 앞을보고 가시구려
그아무리 연연해도 가던길이 멈추어져
돌아오기 어렵나니 애석함이 있더라도
훌훌날려 미련없이 가벼웁게 떠나소서
부디부디 정신차려 높낮음을 살펴가소
돌아보며 갈팡질팡 애태우는 다급함에
대명천지 밝은날이 칠흑밤이 되지않게
붙잡히고 걸린마음 훌훌풀어 벗어놓고
못다함이 있드래도 걸림없이 가시구려
어차피   나선걸음 금강같은 마음다져
밝음으로 간다면은 그얼마나 다행한가
속절없이 가는길에 고심하여 무엇하랴
행여마음 무거우면 마저쏟고 마저비워
홀가분한 마음으로 가벼웁게 가시구려

닿는곳이 어디거나 지은대로 양식있고
지은대로 몫이있네 이왕에 가는걸음
걱정일랑 내려놓고 편안하게 가노라면
모든시름 내려져서 걸음걸음 복되나니
바꿔입은 그몸으로 불보살님 섬기오며
수행하고 정진하여 착함으로 거울삼아
맑고밝은 심성으로 생각생각 일념이면
정토세상 길밝혀져 부처세계 도달하리
나무 아미타불 관세음보살

열두 송이 도라지꽃

삼층 앞마당 화분에
해묵은 산도라지 굵은 가지에
다섯 송이 일곱 송이
어렵게 모아 핀
진보랏빛 도라지꽃 열두 송이
너무 예뻐
미안함을 무릅쓰고 가위로 잘라
도톰한 도자기 컵에 꽂아

부처님께 올려드렸다
어찌나 예쁜지
나 혼자 보기 아까워 서성거리는데
아홉 살 백이 손녀가 들어온다
민경아 저 꽃좀봐 어때
어머나 할머니 부처님이예요
이러면서
합장 반배를 한다
꽃도 이쁘고 민경이도 이쁘다
아무 생각 없이 하는 한 마디

누구나 할 수 없는 말이다
알지 못할 불연이
분명 심어져 있을 것이다
전전 그 애의 과거 생이 궁금해진다

그렇게도 예쁘던 꽃이
밤사이 차례차례
고개를 떨구기 시작한다
하지만
처음 꽂을 때 그 모습을 기억하면서
일주일쯤은 두고 보려 한다
꺾지 않았더라면
넉넉히
이삼일 더 생생히 피어 있었을 것을
다시는 그러지 말라는
님의 소리가 들려온다

모습이 시들어
빛도 시들어
향기도 시들어
보는 마음이 불편하다
씨방도 영그리지 못한 채
가냘피 시들어간 산도라지 꽃
그가 마음 있다면

나를 얼마나 원망할까
하지만
당당한 나의 스승되어
한 생을 살고 갈 수 있었으니
그나마도
다행하지 않을까 아미타불

금생의 유산

찌는 듯한 삼복더위에
삼만배 참회기도
중반을 지나가면서
체중이 삼킬로 줄었다
땀을 모았으면
작은 양동이에 가득 차지 않았을까
꼭두각시이건
허수아비이건
그림자이건
자신이 조복될 때까지
법바지 무릎이 구멍나도록
엎드려 절을 해야지
내가 나를
땅바닥까지 내려놓을 수 있을 때
비로소 마음이 마음대로 지은
입재의 집 회향의 집을
비워놓고 나와야 한다
본래의 집
짓지 않아도 지어져 있는 집

그 집이 최고의 집일세
방편으로 세운 집은
방편으로써 쓰여졌을 뿐
그 역할도 소중했지만
필요할 땐 쓰고 버려야 하나니
세상사
가장 소중함을 여실히 아는 견해
바른 소견을
충만히 원만히 구족히 가짐이
그 무엇과도 바꿀 수 없는
가장 큰 금생의 유산이다

정　　진

절하고 염불하고 독경하고
이것만으로 정진이라 할지면
마음은 덫에 걸린 물체에 지나지 않는다
그 숱한 길은 행위일 뿐
방편에 불과하지만
무난히
진리와 무상에 기대설 수 있으려면
어쩌랴
익혀진 습이 바뀌기까지
지금 나를 지체없이 내려놓고
조복 받을 수 있어야지 않겠는가
정진의 힘으로
완성되어가는 수행이 있기까지
일념일념 놓지 않음을 다질 수밖에
가장 소중함이 나일진데
나를 영그리는 아픔쯤이야
어찌 인내치 않으랴
주어진 금생에서
새로운 생을 만들어가는 위대함으로

매사에 인색하지 않아
검지도 희지도 않은
잿빛 마음에서 잿빛 모습으로
되고 싶은 심정 그 희열로
싫어서도 정진하고
좋아서도 정진하며
이 세상 끝까지를 어이 멀다 하랴

나의 것을

가던 걸음 우뚝 멈춰서 본
어느 여름날
한 분 두 분 떠나신 분들
자연으로 돌아가심을 보면서
무상으로 덮여오는 허공을 바라보다
영원한 내것을 찾아나선다
무엇일까
어디에 있을까
가고 보내고 그 자리를 지키는 것일까
분명 그건 아니다
만일 지금이
나의 십대 이십대라면
기필코 운명은 바뀌었을 것이다
불 붙는 신심으로
출가하지 않을 수 없었을 것인즉
사바세계를 파도처럼 타고
높 낮음의 바른 견해로
여한없는 멋진 삶을 누리지 않았을까
한 생을 늦추어라도

기어이 일구어 내고야 말리라
이러히도 간절한 마음
삼보에 귀의하여
한 점 티 없는 신심으로
오탁의 흐린 세상 연꽃이 되어
세상 것을 편안히 보고
세상 소리 편안히 듣고
편안히 행하는
내안에 있는 모든 것을
잘 찾아내어 쓰리라
본래로
갖추어져 있는 나의 것을

도　　반

도반이란 이름 두 자
그 내면의 향기 그윽하네
불가의 인연 자락이
어디서 어디까지인가
가이없이 이어진 불연의 힘은
세대 차이도 아랑곳없네
한 통화 전화 속에서도
잡담은 밀려나고
법담이 오간다네
그러하니
기쁨이 오죠 행복이 오죠
번뇌도 쉬어 보낼 수 있는
우리는 우리는
부처님 닮아가는 삶이라네
나비처럼 풍선처럼
오월의 하얀 뭉게구름처럼
가벼이 들려오는
형님이라
보살님이라

일진행이라
도반이 부르는 소리에
너울너울 행복이 춤을 추네
목숨과도 같은 소중한 나날마다
새로이 솟아나는 신심
우리네 업을 볼 수 없듯이
신심 그도 형상없지만
덜어낼 수 없는 내것이기에
난행 고행의 날줄 씨줄로
얽으며 얽힌 탄탄한 정진의 힘으로
우리 함께
성불하여이다
성불하여이다
우리 함께 성불하여이다

금생에 입은 옷으로

곱게들 갈아입은
부처님 제자된 옷으로
이 옷이 바래지고 낡아지도록
감격의 눈물로 머금고 살리라

바다 건너 산 넘어
바다 건너 산을 넘어
수미산에 이르기까지
무릎 헤어진 먹물바지
돌려입어 앞뒤로 낡히며
뭉클하는 가슴 뜨거워온다

사람이란 육신의 이름
그 감사함을 무엇에 견주리
닦고 닦아 또 닦아 행하여
그조차도 멈추어 버린
나 아닌 너로
너 아닌 나로
어느 어디에서도

그냥 그대로에 젖어지이다

바람 따라
구름 따라 묵묵히
세상 속에 세월 속에
묻혀지이다

말법시대라
오탁악세라 이름하지만
날로 무르익어가는 마음
지극히 편안하면
다시 없는 극락일래라
더 없는 행복일래라

너를 보며 나를 보고
나를 보며 너를 보는 마음
입은 이 옷으로
꾸밈없는 한 생을
여법한 당신의 제자로
살으오리다 살으오리다

그 옛으로

그윽한 님의 향기 들이쉬며
바래진 세월 좋아
그 속으로 가본다

짊어진 바랑 속엔
한 움큼 마른 누룽지와 식혜 두 캔
그 한 캔은 누가 주인일까
무전여행처럼 떠나본다
혼자 즐겨 찾는 곳
역시 가까운 경주다

불국사 큰 법당에 들러
가느다란 향 한 개비 사루어
백팔번뇌 풀어 쉬면서
그 옛으로
님의 제자 천이백오십 인
그 꽁무니에 다가서 보는 마음
스쳐간 님들을 떠올리며
석가탑 다보탑 돌아돌아

무설전 관음전 극락전
쉬어 나오니
하늬바람 옷깃 스치며 지나가네

살아 숨쉬는 자연을
함께온 도반처럼 속삭여보며
여기저기 기웃거려 봄도
무척 즐거우네
늦둥이 개나리
올둥이 벚꽃
저희끼리 하는 얘기
소리없는 소리
그 소리 들어봄직하다

겹겹이 접힌 세월
이십대 중반 시집살이 하던 시절
부처님도 자세히 모르고
신심도 없었을 때
시골동네 새댁들과
모처럼 하루 나들이
소중한 그 시간이 얼마나 아까워서
돌배기 딸아이를 업고
석굴암 부처님 뵈러
토함산 오솔길을 걸어 오르내렸으니

그러히 찾아 나설 수 있었음도
분명 내가 모르는 전생에
불연이 있었나보지

지난 반세기 세월을 끌어내어
오늘 속에 넘기면서 한가로운 하루
내 그림자와 둘이서 행복했었지

송광사 큰법당에서

아직 찬기가 가시지 않은
삼월 스무닷새
송광사 삼월 불사에 동참하려
큰 마음으로 다가갔다
대지전 대중방은 엄청 따뜻했지만
도량대 밤기운은 몹시 쌀쌀했다
우리 일행은
큰법당 부처님 발 아래서
삼천배 정진중이었다
자정을 넘었을 즈음
엎드려 절하고 일어나는 순간
부처님을 바라보는데
가슴에 뛰어드는 놀라운 사실
수미단에 불상이 아닌
부처님이 빙그레 웃으시면서
왼발 내디디시며 다가오라는 듯
바른 손을 내미시는 장엄한 순간
어쩜 그렇게도 깜짝 놀라웠을까
그 순간의 현전 사실을

무엇을 어떻게 표현하면 더 가까울까
미혹한 중생 곁에 감응의 소중한 순간
지혜로운 자 깨달음을 이룰 수 있는
충만한 순간이었으리라
큰 놀라움만으로 멈췄으나
애석해 하지 않는다
그 많은 대중 속에
내게 나투어 보이셨으니
그 은혜하는 마음 항상 보듬고
금강같은 신심으로
더 다부지게
함이 없는 정진하오리다
누가 내게
삶이 무슨 재미냐고 묻는다면
오로지
정진하는 재미라고 말할 것이다
이러히 삶을
무한히 행복해한다

표충사

넉넉한 도량 표충사에서
여래십대발원문을 주제로
법음이 심금을 울리는 정진의 소리
심취된 정진의 모습들
그 엄청난 열기로
꼬박 밤을 세운 정진의 자리
나
부처님을 따라 나선 마음
항상 팽팽하여
늦출 수 없는 마음이기에
유구한 밝음으로
향한 한마음 쉬지 않는다
충만한 보살행이 되도록
걸음걸음 재촉하여이다
이윽고 날은 밝아
사월의 한나절
가뭄을 적셔주는 단비에
허공은 씻기어 산뜻하고
대지는 갈증을 풀어쉰다

아!
앳된 초록빛 윤기나는 사월
한 먼지 없는 세상 아름다워라
스스로 찾아 나선 길
부처님과 함께이니 얼마나 복된가
무엇을 구하여
이러히도 희열에 찰 수 있겠는가
목탁을 두드리듯
게으름을 깨우며
청정을 목숨처럼
세간 혼탁함에 물들지 않으리
아!
표충사의 그 밤이여

나의 가을

연보라색 종이에
진보라색 연필로
보라색 사연을 담아서
높푸른 창공에 날려보내면
누군가가 받아보고
그도 그가 좋아하는 종이에
그가 좋아하는 연필로
그가 좋아하는 사연을 실어
저 허공에 띄워주면
파랑새처럼 날아와서
날 찾아올 것 같은 마음
이 가을의 영혼이어라

누군가가
누군가인지도 모르고
누군가에게 보낸 사연을
그냥 좋아하면서
읽어 내리고 싶은 마음
어쩌면 노란 국화색이

어쩌면 진한 코스모스색이
이 가을의
또 다른 영혼일른지 모른다

살아 있지 않아도
죽어 있지 않은
저 생기 발랄한 가을 창공
펼쳐진 공허 속으로
구름 실은 바람 가네
세월이 함께 가네
나도 가네
한 치의 치우침도 놓아버리고
한 가닥 행운도 놓아버린 채
낡아져가는 먹물옷에 나를 담고
타오르는 한 개비 향연처럼
유유히 나의 한생 지워져가나니
또 다른 한 생이 따라온다

지상에 이 가을을
육신의 이 가을을
마음에 고이 사려담아
파아란 가을하늘로 띄워보고 싶다
이러히도
아름다운 나의 가을이여

석양의 노을빛이
한가슴 가득히
채워져오는 나의 가을이여
마하 반야 바라밀

우주의 마음

세월이여
그대가 우주의 마음이옵지요
모양 없음이
우리네 마음과 꼭 같으네
당신이 몸살을 앓을 땐
육중한 몸으로 보여줌이
우리 중생들과 흡사하네

그 큰 우주의 마음은 어디에 있을까
작은 인간의 마음도 그러할지니
어쩌랴 우릴보고 소우주라 하나니
우리 마음 보이지 않듯
대우주도 그럴 것이어늘
정녕
세월이 그 큰 우주의 그 큰 마음이리라

뚜벅뚜벅 앞만 보고 가는
믿음직스러히
짐 실은 수레와도 같은 세월

참으로
진리에 순응하는 그가
대우주의 보다 큰 마음이리라

그러하리니
눈 녹고 얼음 풀려
개울물 졸졸 흘러내리고
꽃피고 새 우는 봄이 옴은
인욕하고 수행정진한
당신의 행이리니
내놓을 수도 숨겨놓을 수도 없는
우리네 마음처럼
대우주도 그 마음 그러하올즉
분명
세월 당신이 그 큰 마음임을 보노라

세월이여
그대 우주의 마음이옴에
곧 바로
세월 부처님이시네
우주의 마음 세월이여
그대는 당신은
나의 큰 부처님이시네

한 해의 마지막 밤을 새우며

무던히도 많이 걸었던 한해
나의 서원을 스스로 맛볼 수 있었던 한해
바쁨 속에 한가로움이 무르익은 한해
신년 첫날부터
혼자 토함산을 걷고
금련산 도솔산 문수산 백양산 장산
백산을 절 찾아 걸었다
천성산 토함산은 몇차례나 걸었지
가족묘지 정족산은 비온 뒷날마다
이십여 차례 걸어 오르내리며
잡초를 뽑았으니
삼복의 뙤약볕에도 두려움 없었던 한해
연꽃 소류지에도 일곱 차례를 걸었지
우연처럼 이어져
2004 마지막 밤도
이 토함산을 걷는다
간밤에 내린 많은 눈이 억척스러히 몰고온
매섭게도 꽁꽁 얼어붙는 겨울밤
희미한 손전등 불빛으로

길섶에서 저녁 공양을 하고
따끈한 커피 한 잔으로
이 밤을 다시 걸으며 토함산을 오른다
갑신년에서 을유년을 건너는 길목
심야 법회
재야의 타종
일주문에서 석굴까지 이어진 오색등
그들이 내뿜는 불빛
정녕
극락세계의 한 자락이었으리라
납월
따뜻한 아랫목을 지켜야 할 이 깊은 밤
석굴 새벽 예불
일념 속에 백팔배를 할 수 있었다
2005 일출
꼭두새벽 살을 에이는 눈바람에
일흔의 나이도 아랑곳 없이
귀와 볼을 비비면서 기다리는데
발은 시리다못해 터질 것 같았다
하지만 몸과 마음이 항복 않는 걸 어쩌랴
이러히도 바보같은 우리 두 사람
나의 도반 환희명과 나 일진행
이마저도 행복이란 이름 하나로
스스로 만들어가는 형상없는 작품들이다

지칠 줄 모르는 신심으로 하산하여
놓칠 수 없는 불국사 사시예불
여법히 동참할 수 있었으니
그 하나하나
까마득히 허공 속으로 묻혀가도
한 생각 찾아 나서면
언제 어디서라도
다시 열고 그때처럼 그때처럼
볼 수 있으리다
이 얼마나 거룩한가
내가 만들어가는
나의 하루 하루들
이승에서의 충만한 삶이어라
함이 없어 흔적마저 없는
이러히도 복됨이
저 허공 속의 뭇 별처럼
이 사바촌의 보석처럼
숨겨져 영그러간다
가는 세월 오는 세월 그 안에서

괴롭지 않으려면

조용히 나를 본다
괴롭지 않은가
괴롭거든 구하지 말라
구함은 괴로움을 잉태하여 키우나니
괴롭지 않을 수 없네

탐진치를 비켜서서 눈을 뜨면
내 곁에
육바라밀이 널려 있건만

구하는 마음엔 보이질 않나니
애석한들 어쩌랴
모자라는 마음은 구걸하는 마음이요
구걸하는 마음은
항상 춥고 배고프나니
채우려는 그 마음 얼마나 허기지겠는가

그 어떤 마음으로 어떤 모습으로
지금 어디쯤 와 있는가

항상 자기를 돌아보면서
언제쯤 어디로 어떻게 갈 것인지
한순간 놓아서야 되겠는가

한 생각 멈추고 세상을 바라보면
무척 아름다운 세상인데
수없이 많은 사람들
두덕두덕 소유의 괴로움을 알지 못해
항상 짊어지고 다닐걸세

좀 덜어주고 좀 나누어주어
가벼이 사바고개 넘노라면
오복이 무르익어
만판 황금빛 세상일 것을

이제라도
그대들 괴롭지 않으려면
그러히 살다 가요
우리 다함께 그러히 살고 가요
아미타불

내가 만든 나의 것

상상으로도 알 수 없는
육안으로도 볼 수 없는
오늘을 영원으로
뜨거운 가슴 풀어
바람처럼 구름처럼
가다가 돌아서 비켜서
그 어디에도 매일 곳 없더라

금생에 유일한 낙으로
부처님 세상 가꾸어가며
언제 어디서 어떤들
그 모두 내가 만든 나의 것
가고 옴이 오고 감이 몽땅 내것이었네
그런 어느 하나
트집하고 고집할 일
미워하고 원망할 일 어찌 있으랴
찾아오는 그대로를
분신처럼 만나노라면
한 생각 깨달음에 유익함일세

보다 그윽한 향기 풍기면서
만나서 보내고 다시 돌아보면
그 자리가 그 자린데
못마땅해 한들 무엇이 유익하랴
마음에 상처되면 멍울질 뿐인데
그 마음 활짝 열어
일상사 후하게 맞아 보내면
그 마음 더욱 기쁘리

내가 만들어가는 나의 것을
이왕에
육바라밀행을 양식으로
내 영혼은 물론
이 육신마저도 살찌워
지수화풍으로 돌려주면
우순풍조 어찌 아니되랴

봄이 오는 염화실

도량 내에
매화가 반쯤이나 피었는가
마음이 먼저 나서 서성거린다

긴 세월
그 뜨락을 오르내리면서

분에 물을 주고
잡초를 뽑고
곁가지도 쳐주면서
뜰도 쓸어내렸다

높은 문턱을 오르내린 수는
수천을 넘었으리라

티끌 모여 태산 이루듯
이러히 잔뼈는 굵어지고
굵은 뼈는 무너지는가보다

자휘나무 썩은 둥치에
다섯 살 된 애기솔 세 그루

반 허공
높은 엄마솔에서
스스로 뛰어내려 그 집에서 산다

눈에 잡힐 때마다
묘한 인연임을 되뇌인다

세월은 정말 쏜살같으다
순간순간이 모여
지금은
긴 추억으로 아른거리지만
그때마다의 보람도 뿌듯했을 텐데
무척 행복해 하는 지금도
추억으로 보태져간다

이제 연화실 뜰에 매화나무
장년기에 접어들어
그 모습을 가꾸어간다

홑꽃 겹꽃 세겹꽃
옅고 짙고 더 짙은 색으로

송이째 띄워 차도 마시고

만개된 매화 속에
큰 스님 모시고
천년의 마지막 자리 1999
그 인연을 담았다

염화실 현판도 얼굴 내밀고
조용히 미소짓는다

지난 세상 지금 세상 오는 세상
그 속에 세월은 그대론데
어느 세월은 가고
어느 세월은 왔는가

가고 옴을 알지 못하고
멍하니 멈추어선 도량에서
허공 속에 가득찼을 세월을
물끄러미 바라보면서
한가슴 채워 안은 무상을
내 작은 손으로 눌러본다

천성산 화엄벌

나의 서원 하나 마저 이루려
연속 삼년 천성산 화엄벌을 간다
세상 사람들은 별일 아닐런지 몰라도
나는 그렇지 않다
오늘
허공에 꽂은 나의 깃발을 향해 나선 길
보명화 환희명
아름다운 두 도반이 함께 해준다
황금빛 들판은 일렁거리고
길녘에 코스모스 하늘하늘
옹기종기 들국화도 이 가을을 알린다
아름다운 조국의 사계여
그 속에 이몸 아껴 보내고 싶지 않아
부단히 추슬러 다진 마음
흰머리 저승꽃 핀 법복차림 곁에
스쳐 숱다히 만나는 사람들
그마다 눈길이 무척 아름다웠다
다시 한번 돌아봐주고
또 한번 더 눈을 주고 가는 사람들

앉아 쉬며 미소로 지켜보다
환하게 웃으며
기어이 말을 걸어오는 사람
너무 아름딥습니다
어머나 참으로 아름다운 분이네요
이러히 받고 주는 말
세상은 정말 아름다운 세상이다
그 속에 무엇을 더 구하랴
이것이 행복이다
너와 나 우리 모두의 행복이다
어떤 분은 밝디 밝은 모습으로
저 아래 길이 많이 가파르고 미끄러운데요
이러히 걱정해주는
참으로 아름다운 세상 사람들
그 한마디 한마디 마다에서
나는 보이지 않는 힘이 솟았다
싱글벙글 하면서
이번이 마지막 걸음이예요
이제는 안올 거예요
그러는 기쁨 한녘엔
섭섭함도 몰래 묻어 있었다
천성산 정상 지금 내 눈앞에
만발하여 물결치는 억세꽃
내 생애 마지막 만남이여

다칠세라 곱게 조심스레
만져도 보고 쓰다듬어도 보며
손도 흔들어주며
멋이 있게 헤어지는 마음
하염없이 약해진다
넘실거리는 억세꽃 물결을 바라보며
정근을 하면서도 내심
나는 가노라 나는 가노라
금생엔 다시 올 수 없으리라
이러히 읊는 마음이었으니
이 글을 쓰면서
돋보기를 내리고 잠깐 눈물을 훔친다
그러히 가던 걸음 멈추어
마치 토굴같은 작은 소나무 아래
보명화 환희명 일진행 셋이서
광활한 가을 큰 하늘을 이고 앉아
천성산 정 화엄벌에
수행의 한자락으로
신주다라니와 화엄경 약찬게
각 삼편식을 내려놓고
흐뭇한 마음 안고 돌아선다
연속 삼년 화엄벌을 돌아보며
무엇이 달라졌을까
이것이다 저것이다는 아니다

하지만
그 시아는 마음으로 채워지기 마련이다
더 맑아진
더 밝아진
더 덜어진
더 비워진
더 넓어진
더 가벼워진
그조차도 잃어진 마음으로 가나니
이 기쁨이 기쁨이 아닌
그냥 이대로 내 마음일 뿐
다시 무엇이 달라져 보태짐은 아니다
얼마나 복된가
가는 길엔
원효암 사시예불
오는 길엔
홍룡사로 홍룡폭포로
세월이 가는데
기다림만으로 이룸일 수는 없다
찾아 나서 행해야지만
이룸이요 충만이 있다
나무 마하 반야 바라밀

밤

밤이 깊어간다
오늘을 접는 심야 작은 등으로
옮겨 불을 켠다
천장에 매달린 형광등을 끄고
정겨운 잠자리에 들면
책장 유리에 비치는 불빛이 있다
야삼경 길손을 기다리는 주막처럼
가만히 누워서
창호지를 새어 나오는
불빛 가까이를 기웃거려본다
징검다리 건너서
이웃마을처럼 보이는 그 불빛 아래
누가 살고 있을까
동그란 창 긴 네모창 그 창살 밖으론
그림자도 인기척도 없이
밤이랑 불빛이랑 둘이서만 사는가
넓은 세상 속 좁은 내 안의 세상은
나를 유혹하며 매료한다
밤마다 잠들기 전엔

내 이웃으로 등장하여

먼 듯 가까운

희미한 불빛 아래서

소리없이 속삭이는 행복이란다

그 불빛이 있는, 내가 있는 그날까지

책장 유리에 반사된 그 불빛을

나는 사랑하리라

나는 아름다워 하리라

나는 행복해 하리라

새끼손가락 걸고

엄지 도장 찍고 약속하겠노라

행복은 어느 어디에만 있지 않아

흘려보내지만 않으면

즐비하니 행복일래라

작은 행복 속에

보다 큰 행복이 숨겨져 있는 줄

맛을 보면 맛을 안다

선 자리 앉은 자리 누운 자리에

행복은 아무런 조건 없이

아무런 차별 없이

자기를 찾아내주기를 기다린다

행복에 궁핍한 자여

꿈을 깨어보라

바로 거기 행복이 있나니

책장 유리에 비친 불빛 속에 행복
소리없는 옹아리치며
나를 기다리고 있지 않았을까
오늘마다
수행하고 정진한 결정체였을까
일어나 창문을 열고
허공 속으로
이 행복을 띄워 보내고 싶다
자연도
나와 함께 나처럼 행복하라고

낡아진 내 육신께

육신아 내 육신아
호화스러웠던 어린시절
이차대전을 겪었고
오십년대 가난했던 시절
육이오를 겪으며
향학열에 불타던 뜨거웠던 가슴
지금도 얼어 붙지 않았단다
그 시절 만인의 웅성거림을 받더라도
내 차라리 너를 데리고
가출이라도 해서
출가를 했더라면
넓은 세상 속 더 넓음 속
밝은 세상 속 더 밝음 속에서
먹물 속 먹물이 되어
한 세상 멋스러웠을 것을
인연이 모자라
요만큼으로 금생을 접으면서
다음 생으로 넘긴단다

육신아 고마운 내 육신아
반세기가 넘어
한 세기가 가깝도록
날 따라 고분고분히
난행 고행도 잘 참아주었지
뒤늦게 떼쓰는 못난이가 되지마
좀더 잘 참아주었다가
한 세상 훌훌 내 영혼 보내주고
너는 지수화풍 사대로
편안히 가려므나

육신아 고마운 내 육신아
한생이 어제인 듯
꿈속처럼 지나가 버렸으니
헤어져야 할 그날이
문턱에 와 있구나
숨죽여 그 순간까지
내가 하자는 대로
수행하며 정진하며 기다리자꾸나

육신아 내 육신아
고마웠던 내 육신아
너 없이는
아무런 쓸모없는 나였기에

아끼기는커녕
더 부리지 못해 애쓰던 나를
너그러이 용서해다오
다 낡아져가는 내 육신아
눈물이 나도록 고마운 내 육신아

아끼기는커녕

눈물이 나도록 고마운 내 육신아

아름다운 나의 등불이여!

가까운 듯
멀리
먼 듯
가까이에
님은
항상 빛이시어라
어쩌다
게으름이 고개를 들면
보타산
구화산
아미산
오대산
불산마다
다진 마음 열어본다
아스라이
그날은 멀어가도
눈물로 맺은
뜨거운 약속
채찍되어

이 가슴에 안겨 오나니
그때마다
주르르 흘러내리는 눈물
아!
아름다운 나의 등불이여!
이 가슴에
살아 움직이는
한 송이 연꽃이여!
당신의 향기로
이 세간이 충만하여지이다
마하 반야 바라밀

이대로 한 세상

땅바닥까지
내려놓은 마음에서
바라보는 그림같은 세상
그 아름다운 세상 속에 나는 산다

세상것 숨겨 놓지 못하고
쌓아 놓지 못했어도
부처님의 기운
부처님의 은혜로
거기 매달릴 마음 추호도 없으니
지금 이대로가 충만이다

군색함은 오지랖에 싸고도
만나는 사람마다 부처님처럼 만난다
그 사람들마다
두 손이 모아져 고개 숙여진다

이럴 수 있기까지 얼마나 연습했던가
그 작은 하나 하나

부처님을 생각하며
열어놓은 마음 그늘이 아니겠는가

인간의 충만
산 넘어 바다 건너 있지 않다

나보다 너를 위하는
더불어 살아가는 그 속에 있는데

있다 없다 된다 안된다 많다 적다는
누가 지은 이름들일까

열심히 정진하나니
게으름이 튕겨나간 자리
인욕의 대탑이 쌓여져간다

바보처럼 기뻐할 수 있는
오로지 그 마음 하나로
세상 만사는 충만하나니
이대로 한 세상 즐기며
밤이나 낮이나 부처님 곁에 있다

재등행렬

이러히도 좋은 날에
전에 없이 많이 내리는 비
혼탁한 세상을 씻어줌일까
우의를 입고 우산을 받고
인산 인해를 이룬 부산불자들
조금은 불편함이 있어도
더 큰 인내를 익히면서
보다 더 진한 신심으로
내닫는 우리에게
실로 보여주려고
저 허공에서 비가 되어 내리는
무량한 공덕의 나눔이어라
손에 손에 마음 마음마다엔
어두운 세상 어두운 마음
밝혀가는 등불이네
이러히 가는 길
좋아라 너무 좋아라
오늘 큰 마당 큰 집 큰 잔치에
하염없이 내리는 비

저 넓은 허공에서 우릴 보고
은혜의 복비를 내리네
대자연의 몸짓으로
우리께 보여주는 무상이었네
가슴에서 마음으로
들려오는 법음이어라
비는 자꾸만 내려도
피어오르는 신심은 꺼질 줄 모르네
석가모니불 석가모니불
우산을 걷은 비옷째로
땅바닥에 엎드려
삼보일배로 가고 싶은 길
오늘
우리 부처님 오신날
재등행렬의 길이라네

육신이여

한 알의 밀알이 썩어서
수많은 밀알이 되듯이
이 육신
지수화풍 사대로 돌려주고
다시
더 성숙한 몸 받아옴은 얼마나 기쁘랴

몸이 다르니
가는 길이 다르고
가는 길이 다르니
오는 길이 다르며 삶이 다를 뿐이지
한 톨의 밀알의 일생과 무엇이 다르랴

이 육신
육십 갑자 다 지나도록 부렸는데
아야 아야 쑤시고 때씀이 당연하리라
한 세기가 가깝도록 우린 서로 사랑했었지
내 고마운 육신이여
인정해줄게

부디 괴로워마라 노여워마라
마디마디 부위마다
새로운 신호를 보내와도
곱게 영그리가는 한 생인 줄 알아
그마저도 아름다운 응석으로 받아주마

올 때 왔듯이
갈 때 가면 되는거지 무슨 걱정
진리의 돛은 바람에 밀려가지 않나니
때가 되면 벗어버릴 마음 아닌 육신이야
이런들 어떠랴
저런들 어떠랴
노여워하지도 괴로워하지도 않으리
다만
진리의 품인 줄 믿고 인정하리

이만하면 잘 살은 거지

다행히도
금생에 부처님을 만난 인연으로
이런저런 사연들이
애일 때도 숱했지만
그땐 설익은 시절
사바 중생으로
이만하면 잘 살은 거지

세상사
그 많은 번뇌와 탐진치에도
한 눈금 걸려들지 않으니
미리미리 비워 놓아
이손 저손 다 빈손이네
떠날 때는 가벼이 훌훌
한 세상 얼마나 좋았던가
이만하면 잘 살은 거지

돌이켜 살펴보면
올 때도 빈손으로 오지 않았던가

어차피 두고 갈 것
진작에 풀어 놓으니
이 육신 벗어 놓고 가는 날
내 영혼 얼마나 기벼우랴
이만하면 잘 살은 거지

미련도 아쉬움도 집착도
진작에 내려 놓았으니
그 어느 무엇에도
뒤돌아볼 일 전혀 없네
육신은 지수화풍 돌려주고
떠날 때는 가벼이 훌훌
이만하면 잘 살은 거지
아미타불

향 내음

가느다란 한 줄기 향 사루어
삼보님께 올리오니
육신이 무너져 내리면서
영혼은 떠나간다

모습이 다르고
가는 길이 다를 뿐
우리네 삶도 그 속에 있네

시작도 끝도 없는
님의 법 안에서
성불의 씨앗 갖추어
부처 키우며
고행의 정진을 양식으로
스스로 살쪄가는 아름다움 속에
쑥쑥 자라나는 신심으로
한 줄기 타내리는 향 내음 속에

시절 인연 도래되면

너도 부처 나도 부처
이 세간은 부처세계 되리니
이리 봐도 저리 봐도
넓은 세상 부처님 세상 되면
사바정토 극락세계
그 아니겠는가

줄여 자고 줄여 먹고
늘려 정진하면
너와 나는 하나되어
부처세계 이룩하리

그윽히 타내리는 향 내음 속에
생은 가고 생은 온다
게으름에 굴하지 말지다

옛 불국토

먹물 천 조각조각 모은 바랑에
식빵 두 쪽 커피 한 잔으로
어디론가 훌쩍 떠나는 마음
바람에 날리는 낙엽처럼이다

이제나 저제나
곧잘 찾아가는 곳
옛 불국토 경주이어라

바래진 천년을 마음에 담아
불국사 불보살님 뵙고 나니
푸근한 마음 역시 잘 왔구나

두 손 모아 합장하고
부처님을 부르는 간절한 마음
석가탑 다보탑 세 바퀴 돌 때
바람도 숨죽여 따라 돌았네

가버린 천년 세월을 말하듯

목탁소리 염불소리 멈추어진 도량
이곳저곳 기웃거릴 때
간간히 가냘픈
풍경소리만이 지나다닌다

일주문을 나서니
설익은 봄바람에 나부끼는 벚꽃잎
때늦은 봄눈이 내리듯
눈부셔라
아름다워라

겹겹이 쌓여진 세월 뒤적거리며
숨어버린 옛 향기 찾아나선 듯
찬란했던 시절 더듬어본다

천년을 기다렸듯
어디선가 누구인가
날 부르는 소리 쟁쟁거리는 듯

오늘 하루
있는 그대로
오는 그대로
가는 그대로
마음도 무심되어 발걸음 따라

여기저기 서성거리며
그냥 그렇게 떠돌다
이대로 돌아가
어느 날 소식없이 또 오리다

세상의 주인

새소리 물소리 바람소리
무한 자연의 소리들
어찌 각각일 수 있으랴

풍경소리 목탁소리 염불소리
참신한 진리의 소리들
어찌 각각일 수 있으랴

허공을 가르는 비행기소리
바다를 가르는 뱃고동소리
대지를 가르는 기적소리
문명의 그 소리들
어찌 각각일 수 있으랴

마음이랑 육신이랑
수행이랑 정진이랑
나와 당신이랑
인간의 소리와 몸짓들이
어찌 따로일 수 있으랴

그 모두 일상이 만상이니
만상이 곧 일상이어라
무엇을 핑계하고
무엇을 트집하겠는가

세상 속에 널려 있는 형상없는 형상들
선도 악도 인욕도 나태도
행도 불행도 기쁨과 슬픔도
수행과 정진마저도
마음대로 주워서 소중히 행하는 자
그가 바로 주인이다

줄여 자고
줄여 먹고
줄여 놀고
게으름을 딛고 끊임없는 수행 정진으로
보리심을 발하여
보리 대도에 이르러
우리 모두 괴로움을 여읜
대 자유인이 되어지이다

숨은 보리 찾아내어
샘물처럼 솟는 보리로
철철 넘쳐나는 보리되어

저 허공을 향해
내닫는 보리로 키워가세
보리 곧 지혜요
지혜 곧 깨달음이라
깨달음 곧 성불이옵지요
나무 마하 반야 바라밀

떠나보고 싶은 길

다람쥐 쳇바퀴같은
굴레를 벗어던지고
새벽잠 설치어
바랑 하나 달랑 메고
마치
저승가듯
가다가 저물면
절집에 묵어 가고
절 없으면 민박에서
날이 새면
훌쩍 떠나는
반겨줄 사람
기다리는 사람 없는
그냥 그러히
발걸음 닿은 곳이 내집이듯
찾아나서 보고 싶은
몇날 몇일
하온데
서로 밍그적거리는

몸과 마음을 어쩌랴
굵은 주름살 점점 깊어지고
만면에 저승꽃 이어 피는데
엉거주춤 이러다가
이 서원
금생에 놓치지 않을까
한 생에 큰 태양은
지면 다시 뜨지 않는데
지금도 늦지만 더 늦기 전에
언제쯤일까
빨라도 2008 늦으면 2009
더 늦으면 2010년을 잡아본다
현재를 배신할 수 없잖아
방랑길처럼
훌쩍 떠나보고 싶은 길
한 해만이라도 당길 수 있었으면
하는 아쉬움은 있지만
그마저 여의치 않은들 어쩌랴
기도로 건강을 지키면서
기도로 그 날을 기다리리라

피와 살의 소중함

하루 하루를 더 살아가면서
남편의 흔적은 아물고
부모님의 그늘은 짙어온다
이제 고령이신 어머니 한 분
그분이 가시면 그분은 분신으로
넓은 세상 안에 남는 삼남매
우러러 소중함을 새삼 느낀다

어리게만 보이던 그들이
흰머리 성성해지며 함께 늙어가고 있다
나의 분신도 소중하지만
한 탯줄을 매고 난
분신끼리의 소중함이 차츰 다가온다
이런 것이
늙음으로 가는 길목인지 모르지만
어머니 보내드리고 내가 가고
남은 둘이 차례로 가면
어머니의 분신 그 인연이 다하겠구나

먼 듯 가까운 세월이라
번뇌같은 생각들로 흐느껴지는
피와 살의 소중함은
그냥 그리히 넘던 세월이
새삼 가슴에 묻혀온다
세상사 받는 기쁨보다
주는 기쁨이 크다고들 하는데
어째서 내가 준 피와 살보다
내가 받은 피와 살이
무게가 더 무거워지는가
여든이 넘는 외삼촌이
어머니를 뵈러 자주 들리심도
역시 그래서였구나

노을빛으로 물들어가는 남은 생으로
일몰의 아름다움을 내뿜는 것일까
안개 걷히고
구름마저 비켜서는 장엄이었으면
더욱 좋겠지만
내가 그려내는 백지 위의 그림
세상은 변해가도
티 없이 가벼이 도란도란 살다 감일세
내 어머니의 소중한 분신
육십 이억 속 우리 삼남매

세월은 흘러 다시 몇 년이 지났다
을유년 음 유월 초하루
한 분 어머니마저 고히 눈감으시고
무상이 쑥쑥 자라남을 본다
차례를 기다리는 마음
번뇌 쉬어 놓은 한가로움으로
나무아미타불
나무아미타불
나무아미타불
무상이 너울너울 춤을 춘다

일만 부처님을 부른다

두툼한 만불명호경
부처님을 부른다
열심히 부르다 보면
어느새 경전 상반신을 지난다
잠깐 멈추어 백팔배를 하고
정신을 가다듬어
부처님을 부르다 보면
미혹해 님의 대답은 듣질 못해도
경전 중반신을 지난다
다시 백팔배를 하고
행여 님의 대답소리 들리려나
정신차려 또 님을 부른다
그 사이 두툼하던 경전이 기울어 하반신을 만난다
어느덧
하루 해가 저물었음을 그냥 안다
창문엔 짙은 잿빛이 드리워져 있다
오늘이
그 이레째 되는 마지막 날이다
순간 순간은 만만치 않았지만

인내로 견디어가면
시간은 멈추어 있지 않아
도달점에 이른다
이런 것이 모여서 나의 삶이 되었으니
너무나 행복한 고행이었다
살을 에이는 듯한 힘듦이
마음을 살찌워간다
예사로이 보내는 하루하루
눈을 낮추어 가까이만 보면
아프고 슬프고 싫고 좋고
행 · 불행이 따로인 것 같지만
조금 달리 눈을 들어
멀리 세상을 바라보면
가고 오고 쌓고 무너지고
울고 웃고 버리고 줍는 너와 나가
하나임을 본다
부지런히 수행정진하여
우리 모두 큰 안목의 존재이고 싶다

그때 그 마음

설악을 기어 넘어
불뇌보탑전에 이르니
유구한 세월 속에 짙어진
만년으로 가는 향기
가슴으로 스며들었다
온 설악을 휘어감은
붓다의 얼은
천사백 년을 뿜어내는
탑신의 아름다움으로 남아 있다
그 넉넉함을 한 가슴 부여 안고
촛불을 밝혔던 고행의 두 밤
그때 그 마음
아직도 그대로 사려져있다
그 하늘을 지붕삼아
꿇어앉았던 나
정말 나였을까
심야의 숨결이 가빠지면서
배고픔도 목마름도 다 여윈 채
금강경 돌아돌아 백여덟 번

허공 속 무형탑을 쌓아올린 밤
그때 그 마음
소용돌이치는 법열같은
육신을 넘쳐나던 소리
나무 석가모니불 나무석 가모니불
마치 서러움같은 기쁨은
그대로 한 세상 접고 싶었던
그때 그 마음
고이 당신께 마치옵니다
여태껏 쌓아올린 나의 모든 것
설악의 하늘 아래 다 쏟아부어
이 세간에 회향하올제
마지막 백여덟 번째
독경하며 절하며 흐느껴 울었다
아!
오늘을 기다려 한생을 보내 셨구나
님이시여 내 고운 님이시여!
아무것도 없이
정말 아무것도 없이 빈 손 빈 마음 되어
금생에 당신의 인연으로
마음껏 정진할 수 있는 육신 있나니
간들 온들 무엇을 더 구하리오
그때 그 마음
멀어져 가는 듯 점점 가까이 있네

세월이 가도 지워지지 않는
뜨겁던 그 목소리 그 독경소리
설악의 메아리로 남겨 두고
당신의 광대함으로 가슴적시며
보다 좋은 인연 실은
바람되어 구름되어
훌훌 떠나보고 싶었다오

보타락가산 관세음보살님

우리
육로로 항로로 수로로
찾아온 보타락가산
그 정상에 계신
해제사 관세음보살님 뵈려
천팔십 계단 돌아돌아 오르는 길

우리 스님께선
가사자락 흙바닥에 내려 놓으시고
목탁치시며 삼보일배
우린 먹물바지 웃저고리
길바닥을 닦으며
우리 스님 따라 삼보일배
지극한 마음으로
관세음보살 관세음보살

길손들은
비켜서서 지켜보는데
목이 터지도록 불러본

보타락가산 관세음보살님
그 크신 자비에
흠뻑 젖어드는 저희들
눈물도 지워버린
기쁨이 옵니다 행복이 옵니다

그 무슨 공덕으로
그 무슨 인연으로 여기까지
무릎 깊숙이 진물이 나도록
땅바닥에 엎드려
오체투지로
찾아온 길이옵니다
이 마음 이 정성 다 쏟아
님께 바치옵니다

그 무슨 말로도
그 무슨 표현으로도
감당할 수 없는 터질 것 같은 가슴
눌러 안고 두 손 모아
당신 무릎 아래
당신 발 아래
그냥 그렇게 엎드려
바치올 뿐이옵니다

굽어 살피시옵소서
보타락가산 관세음보살님
님의 은혜 가피 속에
저희들 가슴 뭉클이며
뜨거운 눈물이 되돌아 납니다
나무 대자대비 관세음보살님

구화산 육신보전

새벽 세시 반
몸을 가다듬고
마음을 가다듬은 이른 새벽
우리 스님
발자취를 받아 밟으며
가신 님의 자취 그리워
육신보전을 돌고 또 돈다
그 속에
내가 보인다
내 마음이 보인다
여태껏 무엇을 했던가
지금은 무엇을 하는가
새로히 무엇을 할 것인가
님의 제자들이
마르고 닳도록 스치신 자리
나도 스쳐 지나면서
천삼백년 지난 세월
님의 뜻을 쫓아가본다
육신탑을 돌아서

육신보전을 돌아들며
이곳 스님네를 따라
아쉬운 듯 새벽 예불은 끝나고
우리 스님 따라
도량을 다시 돌아
가슴 앞에 두 손을 풀지 않고
호텔 방문을 들어섰다
님의 법에 빠져 허우적거리는
칠푼이 같은 일진행아
님의 그 크신 원을
가슴 늘려 안고 돌아가자꾸나
우리 교각스님
지장왕보살님 모시고
무하스님
대흥스님
자명스님
인의스님
인덕큰스님
가신 님의 법체를 모신
아흔아홉 봉우리
구화산아 잘 있거라
이 몸으론
다시 못 올 것 같은 마음 때문인지
산천도 흐려져 있구나

뿌연 안개를 둘러쓴 햇살이
마치 석별의 정을 아쉬운 듯
못내 설레는 마음 안고
구화산 고갯길을 넘으며
차츰 멀어져 가는 도량을
뒤돌아보며
사로 잡힌 한 생각
거룩하신 위대하신
님들의 수행력 정진력인
전신사리
그 앞에 멈추어 서본다
그분들의 숨결은 멎어도
지수화풍 사대는
멎지 않았다는 생각이다
육신에 배인
대수행 대정진의 기운은
인연이 다한 마음은 보내도
따로 육신이
수행과 정진의 남은 양식으로
손톱이 자라고
머리카락이 자라며
하루 이틀 한 달 두 달
일년 이년 삼년 넘으니
피골이 상접하면서

거룩한 전신사리로 계시지 않았을까
생각해 보는 마음 안에
가슴을 누르는 눈물이 주르르 흐른다
나무 대원본존 지장왕보살님

아미산 보현보살님

호텔문을 나서기도 전에
보현보살님의 법비는
잔잔히 내리기 시작했다
묵언이란 명찰을 달고
해발 삼천구십미터
아미산 오르는 길녘엔
소나무 한 그루 없이
잡목만 운해를 둘러쓴
산등성이 돌아돌아
정상 금정에 오르니
사바의 법비는 오간 데 없이
대광명으로
온 천하가 눈부시었으니
보현보살님 보현보살님
저희에게
이 광명으로 맞으시옵니까
왈칵 눈물이 쏟아졌다
순간
이 도반 저 도반을 끌어안으며

기쁨에 감사에 행복에
벅찬 가슴 뚫고
두 눈을 새어나는 눈물은
마치 슬픔인 듯
어깨를 들먹였지만
이것이 행복이었으니
얼마나 다행한가
서둘러 법당 안을 들어서니
나투어 계신
대 백상 위에 보현보살님
당신 앞에 합장하옵고
무릎 꿇어 엎드린 이 마음들
거두어 주소서
이대로 이대로 가도
여한없는 마음 바치옵니다
시간이 모자라
보현보살님을 그 도량을
더 돌아 내리지 못함
구름 위에서
아래 세상을 만끽하지 못함
머얼리 해발 칠천미터
공가산을 바라볼 겨를이 없었던
숱한 마음을 내리고
님의 가피 은혜 속에

님의 대행원을 좇아가는
불제자가 되려
오매 일념하옵니다
여기 금정에 계신 스님 한 분
우리 스님께
흙바닥에 오체투지 삼배 올리며
오직
괴로움에서 벗어날 뿐이라시던 스님
정녕
보현보살님의 화신이었으리라
저희들 마음 안에
깊숙이 담겨져 오래 오래 계실 스님
이제
끝이 없이 가이 없이
날로
아름다워져 가는 마음 가꾸어
기어히
한 송이 연꽃을 피워 보렵니다
나무 대행 보현보살님

오대산 문수보살님

내 꿈에도 그리던
오대산에 청량산에
밀고 밀리며 여기까지
어이 왔던고
눈 감으면
그 어디에도 님은 계시련만
한생을 마감하는 길에
보다 크신 님의 자리 보려
나 여기까지
허공 속에 무형탑을
쌓으며 또 쌓으며
만리장성처럼 쌓았다네
때로는 눈가에 이슬도
맺어 보내면서
가슴속에 뜨거움 식히지 않았나니
기어히 오늘을 만난 기쁨 있네
큰 사자 등에 나투어 계신
님께 연꽃 한 송이 바치옵니다
찹쌀 공양미를 올리옵니다

크나크신 당신의 지혜 속에
이 생명 함께 하고자
왈칵 눈물이 쏟아납니다
맨바닥에 엎드러
오체투지 드리오며
세세생생토록
님의 은혜 속에 살고파
함이 없이 다짐하옵니다
님의 도량 도량마다
돌고 또 돌며
여한없이 갈 수 있음을 약속드리옵니다
발길이 닿은 곳마다
불보살님 뵈옵고
어른스님네를 뵈오며
그분들의 보살행을
뼈저리게 소중히 간직하옵나니
이 모두
님의 은혜 가피임을
역력히 지니오리다
이제 이만하면
매달렸던 마음 마저 내리고
훌훌 갈 수 있겠기에
다시는
어느 어디에도 걸리어 헤매는

님의 제자 되지 않으려
금강같은 마음 여미오며
당신 발 아래 엎드려
눈물로 큰절 드리옵니다
님이시여! 내 고운 님이시여!
당신 발 아래 엎드려
눈물로 큰절 드리옵니다

우리는 하나 되었네

파아란 하늘 아래
마음 열어놓고 마음 내려놓고
우리는 하나되었네

관음대성 자비 속에
길바닥에 엎드려 님을 부른 마음
우리는 분명 하나였네

지장 대성 원력 속에
망령들을 정토로 보내드린 마음
우리는 진정 하나였네

보현대성 행원 속에
묵언으로 끌어안고 흐느끼던 마음
우리는 정말 하나였네

문수대성 지혜 속에
너나없이 흠뻑 젖어들었던 마음
우리는 참으로 하나였네

넓은 땅 중국 사대불산
감격의 눈물로 얼룩지면서
우리는 하나되었네

우리 님 향한 마음
우리 님께 바치는 마음
우리 님 닮아가는 마음
그 모두 하나였네

한지붕 아래 한솥 공양
연이은 삼백서른 시간
마주 모은 열 손가락처럼
우린 정말정말 하나였네

님이시여!
고운 님이시여!
당신의 은혜 속에
늘 하나되어 살겠나이다
아미타불

묘 법

아름다운 세상인가
아름다운 삶인가
세상것 내것 없는데도
이러히 넉넉한 마음 있네
인간의 손으로 기계로
만들어낸 황홀한 세상것에
술 취한 듯 마술에 걸린 듯
휘청거려서야 쓰겠는가
천길 만길 벼랑에 굴러도 망가지지 않는
천도 만도 불구덩에서 녹지 않는
그 어떤 급류 홍수에도
젖지도 떠내려가지도 않는
내 마음이 갈고 닦는 묘법
그야말로
세상살이 제 아무리 파란만장 했던들
하룻밤
소용돌이 치는 꿈으로 흩어져가고
육안에 보이는 아무름은
긴 세월이 걸릴지언정

그 모두
중생들의 세상살이거늘
에라 나는 내 마음대로
훌훌 헐어 쓸어내고
허공에다 초가 한 칸 집을 지어
삼십성상
숱한 세간살이 들여놓으니
꽉 채워진 공간
그 속에 한가로움이 웬말이냐
얼씨구나 사바인연
이러히 좋을시고
불법승 삼보에 귀의하여
수행하고 정진함 그 아니랴
아하
이것이 진정한 묘법이로구나
마하 반야 바라밀

사월이 되면

옛 불국토 경주
가끔 혼자서 찾는다
더욱이
부처님 오신달 사월이 되면
마음이 가자는 대로
발걸음은 닿는다
님의 도량을 돌며
님을 생각하며
지나가는 길에
작은 마음등 하나씩을 내려놓는다
언제쯤
다시 온다는 기약은 없지만
못내
아쉬운 님의 향기
그리워 돌아돌아든다
성큼 성큼
내닫는 세월 속에
검은 머리 바래지고
주름살 깊어져도

님 향한 이 마음 하나로
일념 정진하면서
부처 되어 가는 길에
훌훌 털어 빈손 되어
소유의 무거움마저 쉬어 있네
세상 편안함 내것인 줄
이제사 아나니
가슴 시리도록
아름다운 무소유
진정 나누어 갖고 싶은데
이 빈손
줄 것조차도 없다네
스스로 찾아 가져야 하는
청렴한 보물이기에
태양처럼 눈부셔 가이없어라
해마다 부처님 오신달
사월이 오면
흙내음 풀내음 가슴 뿌듯하니
그냥 그렇게
허공을 내달으고 싶다네
저 파아란 허공을
하얀 마음
쏟아부으며 내달으고 싶다네

스승님의, 도반님의 은혜

바람이 불어와도
물결이 높아와도
오직 님의 품안에서
인연 따라 인연 지으며
일어나는 한 생각에
한마음 아낌없이 쏟으니
스승님의 은혜
도반님의 은혜 속에
밝은 세상 속
밝은 마음 되어서
햇살같은 님의 은혜
온몸으로 받나니
나는 누구인가
나는 누구던가
법비를 맞으며
촉촉하니 젖어가누나
마음에 배이고
몸에 배여서
나는 우리는

날마다 날마다
조금씩 조금씩 조금씩
실로 부처 되어 간다네
얼마나 다행한가
가슴 뿌듯하니
마음은
절로 저절로 열려가네
아무 말 없어도
그냥 그렇게 열려가네
스승님의 은혜
도반님의 은혜 속에
행복했던 긴 시간들
그마저 흔적 없으니
무엇으로 나를 잡을 것인가
오직 함이 없는
고마움으로 감사함으로
얼룩져 있을 뿐이옵네
마음속 깊숙이 깊숙이
젖어 있을 뿐이옵네

진작엔 몰랐습니다

님 따라 나선 지 삼십성상
날로 주름살은 깊어지고
흰머리는 성성해 오는데
님에게 무엇을 보여드리리까
비단옷도 입질 않았고
분단장도 하질 않았는데
님에게 무엇을 보여드리리까
당신을 바라보는 간절함이 담긴 마음
그나마 보여드리러니
어디에 어떤 모습으로 있는지
찾을 길이 없습니다
이렇게도 보여드릴 것이 없는 줄
진작엔 몰랐습니다
더 다부진 수행정진으로
부단히 노력하여
흰머리 바래져 금발이 되고
주름살 넘어 핀 저승꽃이
그 향기 풍겨 내는 날
기다려 그날이 오면

야 삼경이라도 주저없이 보여드리겠습니다
진정 보여드릴 것이 이토록 없는 줄
진작엔 몰랐습니다
생각 생각 드릴 것이 너무 없어
이 육신과 마음이 함께
당신 발 아래 엎드려
가슴 뭉클이는 오체투지
이것으로 대신할까 합니다
이대로 이대로에 감사함을
세세생생 내려놓지 않겠습니다
나무 석가모니불

떠나는 날

무슨 말을 남기겠는가
생을 바꾸는 길에
가기도 바쁠 텐데
일상 행함에 부지런 하리라
수행이건 정진이건
매사에 몸으로 마음으로
항시 깨어 바르게 행하리라

오늘마다
훌쩍 떠난다는 마음없이야
어찌 모든 집착에서 벗어나리오
올 땐 모르고 왔던들
갈 땐 그래도 알고 가야지

사랑하고 아끼는 것일수록
덜어주고 나눠주고
진작에 정을 떼고
조석으로 손때 묻은
다정한 친구같은 소지품들

인연따라 보내면서

떠나는 날 가볍기를 준비하나니
허허로히 무상을 늘 곁에 두고
아침에도 저녁에도 속삭여보는
날로 더 가까워지는
나의 친구는 무상이었네

액자 속 강가강 일출에도
괜히 가슴은 뭉클하고
극락세계도를 바라보면서도
또한 가슴 뭉클하네

마하보디 대탑에서
혜총스님 법륜스님 모시고 찍은 사진
묵묵히 바라보는데도
가슴은 뭉클인다

기단부만이 있는 기원정사에서
금강경 독송하던 모습을
물끄러미 바라보면서도
가슴은 왠지 자꾸 뭉클거린다

옷장 위에 높이 올려 놓은 봉정암 사리탑

바라볼 때마다 설악을 기어오른다
역시 가슴 뭉클이며

천장에 닿을 듯
높이 걸린 민족의 영산
백두산 천지를 바라보면
조국의 얼이 가슴으로 스며온다

아직도 인연따라 보내야 할
숱한 경전들이며 큰스님네 설법집
부지런히 더 보고
새 주인께 돌려주리다
하나 하나 줄여지는 소유에도
기쁨 있나니

떠나는 날 훌훌 가벼이 가고 싶어서라네
가는 길 다듬으면서
가슴이 찡하네
한 가슴 가득히 찡하네

일흔의 놀이터

지금 내가 쓰는 방문 앞에
문이 닫혀도 열린 듯
환히 보이는 화단이 있다
내가 심어서 내가 가꾸고 있다
날마다 새벽예불이 끝나면
그때를 시작으로
심야 취침 전까지
짬짬이 눈을 주고 손을 주고 마음 주어
즐길 수 있는 나의 놀이터
작게는 열 번 많게는 스무 번쯤
어느 하루 넘나들지 않는 날이 없이
묵은 식탁 의자 하나 내놓고
편안히 걸터앉아
다라니를 외우고 독경을 하고
거닐면서도 진언을 외우고 독경도 하네
느긋하면서도 바쁜 나의 일과 속엔
알지 못할 한가로움이 늘 함께 산다
보는 눈이 다르면 세상이 달라지듯
그냥 좋아하던 그 꽃동네

오늘 한낮 그네들 그림자에
나는 끌려들고 말았다
멋이 있고도 유난히 선명하게
화선지에 묵화처럼
타일바닥에 내려누워
나를 매료하였으니
어찌 버틸 수 있었으랴
그제사 보니
너무나 아름다운 나의 놀이터인지라
그 속에서 이 글을 쓴다
이 꽃동네 나의 쉼터에서
즐기며 노는 부류도 다양하다
잡초를 뽑으며 놀고
물을 주면서 놀고
군가지를 자르며 놀고
곳곳에서 주워온 어접잖은 돌들
장엄으로 여미며 행복하게 논다
떡잎을 따면서도 놀고
주워다 심은 토란 한 뿌리
한 줄기 한 줄기 빼어남을 지키며 노네
피고 지고 피고 지고
파아란 잎새들만 남은 꽃마을에
최종의 미를 거두는
가냘픈 산도라지꽃 한 송이

가슴에 묻도록 정겨웁다
도라지가 심어진 큰 분 하나 비우면서
생도라지 하얀 몸살
미안스레 찹쌀고추장 찍어 반찬하고
힘 모아 마음 모아 열심히 공부할래
그 흙으론
꽃마당 낮은 곳을 돋우며 놀았지
옮겨 심고 바꿔 심기도 하면서
즐거운 순간 순간들을
세월에 실어 보내며 논다
이러히도 가까운 놀이터에
이러히도 좋은 벗들이 모여 살다니
이 고마움을 어쩌랴
부처님께 엎드려 감사드리리다
소리 없이 눈으로 대화하고
몸짓으로 대화하면서
행복을 나누며 사랑을 속삭이는
너와 나 나와 너
그 어떤 사연들도
흔쾌히 맞아 보낼 수 있는
내가 만든 나의 삶이여
공부하다 졸음 오면 잠깐 나가 놀고
다시 하다
다리 저려 오면 잠깐 나가 걷고

오늘마다 두세 차례
커피잔을 들고 노닐 수 있는
행복한 쉼터에 알뜰한 내 친구들
이 구월이 자라면서 벌써
잎 떨굴 채비를 하는 친구도 있다
어쩌면 나와 비슷하지 않을까
항상 오지랖에 쌓인 죽음
그마저도 사랑할 수 있으니
가을 가고 겨울 지나 이른 봄이 오면
장수매 진달래 개나리
차례차례 피워낼 내 친구들
우리 서로 바라보며
눈웃음 지으며
따끈한 커피 한 잔 나눌 수 있었으면
얼마나 더 좋을까
게으름도 욕됨도 없이
순하디 순한 착하디 착한 삶으로
그네들은 나에게
나는 그네들에게
우리는 말 없이 서로를 보여주며
서로가 다른
하나의 삶을 일구어
아름다히 영글어가는
참으로 소중한 사랑

우리는 그 사랑을 알고 있다
사랑 사랑 고운 사랑
우리 사랑 내 사랑이여

방석 팔백 장

조용히 들어앉아 기도한 지
어언 일년
그러나 인연 닿았던 도량 소식은
소직지로 도반들 편으로
항상 듣는다
어느 날 무위화 보살님 전화가 왔다
방석 팔백 장을 만들어야 한다고
힘을 조금 보태어 달란다
힘이 될 수 있다면 보태야지요
대답은 했지만
십여년 전
부처님 좌복, 스님네 침구와 좌복, 대중들 좌복으로
대작 불사를 하던 시절이 떠올려질 뿐
선뜻 엄두가 나질 않았다
밍그적거리고 삼일이 지난 뒤
불현듯 내가 할 수 있는 일이라면
해야지 않겠는가
얼마 남지 않은 생을
망설이며 주저할 일이 왜 있는가

할 수만 있다면
사대로 흩어보낼 육신을
아껴 무엇하랴 쓰고 보내야지
현재 돈의 힘은 미약하지만
몸이 있고 정신력이 있지 않은가
그래서
인연있는 솜공장 보살님께 전화를 드렸다
무위화 보살님을 만나보시라고
그것이 시작이 되어
본격적으로 작업에 들어선 지 십일일
많은 보살님들이
마치 자기집 일인 듯이 참여해 주었지만
하루 이틀 삼사일을 넘지 못한다
사층까지 솜 올리기에서부터
미싱 솜싸기 청소 점심공양 간식에 이르기까지
어느 누구 어느 하나
전심전력하지 않음이 없었지만
가장 힘든 것은 그 많은 솜싸기 작업이었다
마치 기계같은 손놀림들은
구정 전전날 예정보다 이틀 앞선
열하루만에 솜싸기는 매듭지어졌다
아직 남은 겉 씌우기도 만만치 않다
구정을 지나고 지친 몸이 조금 풀리면
다시 나가 보려 한다

오늘은 새벽 예불시간을
세 시간이나 늦추어 일어났다
마디 마디 쑤시고 아림은
익세게도 견디어 냄을 재확인케 한다
만신창이 되어 가누기 힘든 전신은
며칠이 지나야 풀릴 것 같다
쓰다 남은 달그림자 같은 가녀린 육신
삼십년 정진의 힘이 아니였더라면
어찌 시종을 견딜 수 있었으랴
난행 고행의 정진에 한 몫으로
물러설 수 없었던 만신창이 된 몸
손끝에서 팔 어깨 목까지
일 하지 않은 다리는 왜 아픈가
가만히 두어도 움직여도 주물러도
그 아픔은 뼈와 살이 함께이다
나 아닌 누가 아랴만
이마저도 부처님과 인연되었음을 감사한다
남은 여생을 떠올려보며
가슴 뭉클인다
작은 하나만이라도 더 할 수 있었다는 것
이 또한 아름다운 추억되어
기쁨으로 보람으로
저 허공 속 무형탑으로 모아져 간다

너무 아파하는 육신에게

육신아 미안하구나
떼쓰지 않는다고 너무 내 마음대로지?
하지만
한 생각 다시 해 보려므나
이것이 다음 생 수행의 길이라면
가던 길 힘들다고 그만 둘까보냐
마음이 견디는 날까지
너도 견디어 주려므나
만신이 이토록 아픈 건
그대도 너무 잘 알지 않느냐
너무 아파 말고
며칠만 며칠만 더
나랑 함께 견디자꾸나
네가 아파하면 나는 더 아프단다
내 이생에 마지막
최선을 다해 보는 길이니라
훗날 돌아보면
아름다운 추억되어 허공 속에 너울거린단다
복되게도 우린 부처님을 만났으니

세세생생
연꽃 그 몸처럼 청정히
언제나 필요한 곳에 쓰여지는 자원으로
나를 내려놓고 살다 가야지
애써 하는 일이
너와 나랑 헤어지기 전
마지막 힘듦일는지 모르잖아
인연이 다하면
너는 너대로 나는 나대로
가야 할 너와 나이지 않느냐
마음 나는 육신 너에게
항상 고마워하면서 아무리 시켜도
투정 한 번 부리잖는 내 육신아
힘들게 하는 모든 것이
너를 사랑하기 때문이란다
눈물겹도록 열심히
만나는 대로 하고 가자구나
내 사랑하는 고마운 육신아!

이 글을 써놓고 두손으로 얼굴을 가리고 마치 불살라 훌훌 타오르는 자신을 돌아보듯 어깨를 들먹이며 통쾌하게 엉엉 울어준 이삼분 간, 육신이 울었던가 마음이 울었던가, 마음과 육신이 함께 달래짐을 느꼈다. 이 모두가 행복한 나의 삶 그것이 었었구나.

꿈마저도 번뇌였으니

파아란 꿈마저도 번뇌인 줄
미처 몰랐었는데
그마저 올올이 빠져나가니
한껏 가벼운 마음 되어
부처님 마음을 헤아려간다
마음 따라 일구어진 나의 도량
앉은 자리에서
바라보이는 강가 강변 위로
아침해가 막 솟아오른다
나직하니 산인 듯 우거진 나무숲 사이로
조용히 거닐며 명상에 잠겨본다
육신은 쉬어 놓은 채
마음 혼자 나선 걸음
하늘 아래 땅 위에 어딘들 못가랴
아름다운 꿈마저도 번뇌였으니
그마저 놓을 수 있었음도
긴긴 세월 이 몸으로
땀 흘려 공양올린 공덕 아닐런가
끈질긴 인내로 얻어낸 대자유

허공을 떠노는 구름처럼
살랑살랑 봄을 쓸고 다니는 바람처럼
너무나도 귀한 존재임을 새삼 느낀다
이 몸뚱이
양지바른 쪽마루에 걸터놓고
혼자 횡 한 바퀴 돌아올 수 있는
이것이 나였더라
어느 날 한 마디 말 없이 무너질 육신을
지금인 듯 비켜서서 바라본다
아끼지도 아까워하지도 않고
잔인하게 부려왔지만
잘 참아주고 잘 따라준 그에게
고마움을 뭐라 말할까
지수화풍 본래로 돌려보낼 때
미련없이 지체없이 보내면서
고마움과 미안함으로 얼버무려져
얼룩질 것 같은 마음 달래지나 않을까
파아란 꿈마저도 번뇌였으니
내 남은 여생
간단없이 더 다부진 수행정진으로
숱한 모자람들을 마저 깨워가리
마하 반야 바라밀

역광장 삼천배 참회기도

불기 이래로 세 번째
누구나 참여할 수 있는 열린마당
난행 고행으로 얼룩진
삼천배 참회기도
희열에 찬 정진의 자리에

기울인 마음은
기어히 불씨를 지펴
세 번째
그 하늘을 보았다

나의 대단함이 아닌
너와 우리를 위해
겹겹이 베이고 또 베인
그래도 모자라 줄줄 타고 내린 땀방울

참회의 분신이었을까
후신이었을까
통일 민족 화해의 면목이었을까

번뇌 속 깊숙이 지펴진 불길은
무릎이 뚫어져라
절을 하면서
탐진치를 훌훌 태우며
밤을 지샌다

오늘
부처님 오심을 되새기며
너와 나가 뭉쳐진 대참회의 밤
진참회의 밤이 되어
적막에서 오는 새벽 사이로
삼천배는 무르익어간다

어디선가 은은히
새벽 종성이 울려오는 듯
서서히
회향의 불길로 옮겨진다

얼마나 힘겨웠던가
얼마나 아름다웠던가
얼마나 멋스러웠던가
그 현장
가슴에서 가슴으로 밀고드는 뜨거움

어우러진 삼천배 참회정진
그들은 아무 말 없어도
낡은 몸 벗어놓고 가는 길섶에
나서서 지켜주리다
나서서 영접해주리다

마음에서 행으로 엮어가는
난행고행의 정겨움 속에
정진의 메아리 허공을 차 오른다

영겁토록 진리의 얼이 되어
중생계와
허공계를 지켜주리다

은혜의 고운 빛

물이 흘러 내리듯이
바람이 불어 지나듯이
계절이 돌아들 듯이
세월이 오가듯이
태어남이 돌아감이듯이

님의 말씀에
옷깃 여밀 수 있었음을
진리에 순응할 수 있었음을
돌이켜 감사하옵나니
그 은혜 은혜되어 세세 생생
은혜의 고운 빛으로 충만하소서

그 오랜 세월 전에
중생들의 고뇌를 짊어지셨던
육년 고행의 상징
피골이 상접한 고행상을 남기시고

기어히 깨달음에 이르신 님

팔만사천 번뇌 녹여
팔만사천 법음으로
일월의 대광명이셔라

님 좋아 나선 걸음
어이 막힘 있으리오
난행 고행의 길섶에서
물러설 수 없었던 많고 많은 날
연꽃 그 몸처럼 살고 싶어
탐진치 삼독을 달래 보내며
숱한 게으름을 이겨내었네

님의 말씀 한 구절 한 구절은
긴긴 세월에도 지워지지 않고
이 세간을 맑고 곱게 밝혀가네

그 은혜 은혜되어 세세생생
은혜의 고운 빛으로 충만하오리
나무 석가모니불
나무 석가모니불
나무 시아본사 석가모니불

다 지워진 사람

무심코
벽에 걸린 사진을 바라보다
나도 모르게 십년 전으로 돌아가
그 방문을 두들겨본다

그 방안에는
사랑주고 사랑받던 그 옛날이
고스란히 그대로 담겨져 있다

조용한 숨결도 다정한 목소리도
그때 핀 예쁜 솔잎도 예쁜 꽃망울도
그대로 살아 있었다

시간을 매달고 세월을 잡고 있었다면
오늘이 그날일 수도 있을까

빗장을 풀어놓은 가슴에
그때의 파아란 멍이 다 풀려남을
아름다운 추억의 일장으로

때 아니게 새삼 감사한다

다 지워져 다 아무른 그 자리에
그 앙금인들 어찌 있으랴

설악산 오대산 태백산 금강산
보타산 구화산 아미산 오대산(중국)
부처님의 땅 인도로
여한없이 청정 불도량을 찾아다니며
대자유인 되어 살다가라고

층층시하 얽어묶인 시집살이
차례차례 다 지난 뒤
나를 놓아주고 눈 감고 고이 떠난 사람

못 놓아 끄달리던 숱한 세월
지금은 어디쯤 밀려갔을까

까마득히 가버린 세월
꼬리를 잡고 끝없이 쫓아가면
그 머리가 있을까

한 자락 꿈을 꾸다 깨어나
하늘 맑아히 불끈 솟아오르는

일출을 떠올려 새로운 오늘을 연다

밝은 세상 속에
맑아 한 점 티 없는 삶일 수 있기를
염두에 그리면서
오늘도 부처님께 더 가까이 다가선다

바람 좀 쐬고 올게

바닷물이 넘실거리는
봉래산 자락에
오늘은
백련사와 영선사를
혼자서 참배코 왔다
해안 산책길을 역시 혼자 걸으며
나도
자연처럼 아무 생각 없었다
그냥 그렇게
물위에 뜬 배를 바라보고
그냥 그렇게
산책하는 연인들을 보고
낚시하는 남정네도 보고
그냥 그렇게
철석거리며 바윗전을 두드리는
들고 나는 파도를 보았다
등신처럼 눈으로만 보고
마음은
없는 것처럼 놔두고 말이다

올 한해
바람 좀 쐬고 올게
그러고 슬그머니 빠져나와
많이도 걸어다녔다
백리 삼백리 칠백리
아마도 천리길이나 걷지 않았을까
연두에 세운 원을 좇아가노라
무던히도 바빴다
그러면서 마음도 뿌듯하곤 했다
이제
싫어하는 마음도 좋아하는 마음도
미워하는 마음도 사랑하는 마음도
훌훌 털어보내고
바보처럼 등신처럼 칠푼이처럼도
살고 싶어진다
그건 왠지 나도 몰라
가지고 갈 것도 없고
본래 내것도 없는데
잘 먹는 것도 잘 입는 것도
많이 가지는 것조차도 마음 두지 않으니
그 모두 그렇게 소중하지 않은데
무엇하러 왜
마음이 힘들게 하겠는가
남은 빚 마저 갚고 가는 데

애써 중점을 둘 뿐
다른 아무것도 탐나지 않는다
이 마음 하나
한 점 티 없이 갖고 가고 싶을 뿐
세상것에 눈도 주지 않는데
어찌 마음 주랴
기나긴 세월 동안 익혀진
나의 습을 나의 업을
이렇듯 돌아 세울 수 있음이
어찌 나 혼자의 힘이겠는가
부처님께 감사드린다
님이 아니었던들
내 4상이 굳어져 얼마나 더 드세어졌을까
생각하면 끔찍스럽다
이제 남은 내것이 있다면
세세생생 님께 엎드려 절하며
님 닮아 님처럼 살아가는 길뿐이다
나비처럼 가벼운 마음 안고
허공을 맴도는 듯 이 기쁜 마음
어찌 다 헤아리랴

오늘이 있기까지

오늘이 있기까지
무슨 말을 남기겠나
온갖 기쁨 온갖 슬픔들 다 가버리고
오늘 지금
무엇이 남아 있는가
올 때처럼
혼자 가야 할 임종준비
오지랖에 싸고 열심히 해야 하는데
세월이 삼켜버린 행 불행들을
돌이켜 먼 바다처럼 바라본다
가물가물 기억도 흐려져 있다
이것이 인생살이더냐
이것이 무상이더냐
주르르 한 줄기 눈물이 지나간다
나 스스로도 남인 듯
남도 남인 듯
세상은 온통 남의 것으로 가득 차 있다
어제는
강화 보문사

오가는 길엔 황금빛 들판
아직은 조금 이른 낙엽소리 우수수
지금인 듯
이 방안까지 들려올 것 같다
깊어가는 가을 속에
나도 가을되어
세월 속에 묻히고 싶어라
보잘것없는 내놓을 것 없는
쓰여질 곳조차 없어져가는
착잡함을 끌고
그래도 부지런히 가고 있다
남은 여생
어떻게 좀더 잘 살고 갈 것인가
스스로 완성해가는 오는 생을
마지막 모자람이 무엇인가
다듬어가는 마음은
희지도 검지도 않은 잿빛 속으로
사랑도 미움도 탐욕도
훌훌 벗어놓고
청정 청념의
밝고 맑아 티 없는
마음 하나 오직 그것뿐이라네

비오는 날

오늘 비 오는 날
여길 찾아오려고
숱한 날을 마음에 담고 있었드렸다
비옷에 우산을 받고 비신을 신고
누군가
진수성찬을 차려놓고 기다리는 것처럼
그리운 사람 보고 싶은 사람께
전화라도 받은 것처럼
퍼붓는 빗속을 나혼자 왔다
끼니 때가 지나 허기지면
그를 달래려
꽁꽁 얼은 송편 세 개를 녹여 왔다
내가 좋아 내가 즐겨 찾아온 줄
나 아닌 아무도 알지 못하리라
그치지 않을 것 같은 오늘 이 빗속을
얼마나 기다려 찾아왔던가
신주다라니를 외우면서
두리번거리며 무척 행복해 하고 있다
이 마음을 내고 이러고 싶어서 기다린 많은 날

꿈 많은 소녀처럼이란 생각도 했더란다
오늘 이 대공원에
비가 오고 내가 왔다
바보같은 늙은이
마치 온 세상을 휘어잡은 듯
이러히 좋아하면서
한 뜸 한 뜸 수놓아 가듯이
남은 생을 채워간다
보람으로 기쁨으로 영글어
충만함으로 끌고가는 나의 삶이
내 눈에도 보여온다
그 마음 안에 한 점 티 없기를 바란다
때마침 보훈의 달이기에
퍼부어대는 빗속에
현충탑 참배도 하면서
무상의 큰바다를 향해 이러히도 가 본다
진종일 대공원 구석구석을 뒤지며
빗속을 걷고 또 걸을 때
용케도 나의 기다림을 알아차린 듯
굵은비 중간비 가는비 멋이 있게
이러히 골고루 퍼부울 줄 미처 몰랐었는데
사바촌의 한 나그네로
하염없이 흘러가는 장강 줄기처럼
나는 멀고도 긴 나의 그 길을

수행하고 정진하며 신나고 멋스러히 꾸려간다
바쁜 세상 속 한가로움은
마치 내것인 양 마음 내면 내가 가진다
복되이도 내가 찾아내어 내가 만든 행복
이러히 한마음 가득 차
밤낮으로 덜어내도 줄지 않는다
이것이 금생에 내가 만들어낸 나의 실상이다

훌훌 벗어놓고

하늘과 땅 사이
내 가냘픈 삶은 보랏빛 안개
헤쳐가도 헤쳐가도
좀처럼 걷히지 않는 보랏빛 안개
왜 하필이면 보랏빛인가
내가 가장 좋아하기 때문에
어려운 시절
온갖 위기에 휩쓸려
날카로운 뿔에 떠받치듯 숨가쁜 나날
쪼아먹히는 아픈 자리에서
억센 자를 바라보는 얼룩진 마음
어쩌랴
훌훌 벗어놓고 훨훨 털어내면서
불연이 익음으로 악연을 풀어간다
부처님을 만나지 못했더라면
세세생생 주고 받아야 할 숱한 사연들
진작에 알아
다스리는 지혜로움으로
오는 생에 악연들을 거둘 수 있어

엎드려 부처님께 감사드리며
다음 생을 준비하는 넉넉함으로
오체투지 큰절하는 마음
맺힌 매듭 올올이 풀며
괴로움을 편안처럼 부여잡고
헤쳐가는 보랏빛 안개
날로 백발은 더해오고 주름살 깊어와도
나의 광명은 나를 지킨다
한 송이 연꽃 속에 내 모든 것을 실어 두고
두툼한 업의 너울
훌훌 벗어놓고
오탁에 물들지 않으려 애써
악연들을 뿌리채 뽑아낸다
이 모두 님의 은혜임을
새록 새록 감사하면서
잘 닦인 거울처럼
밝은 내일을 열어간다

또 한 해는 간다

또 한 해는 말없이 저물어간다
일만 부처님 명호경으로
송년 일만배 참회 기도를 한다
이런 것들이 모두 내것이었나보다
그렇지 않고서야 어찌 이러히 하겠는가
분명 과거 생에서부터 젖은 습일 것이니
어찌 마다하겠는가
아니라면
게으름도 날만 한데
핑계도 있을만 한데
무슨 인연 있어 그러히 애지중지 하는지
반세기 가깝도록 기도한답시고
낡아져가는 육신 덩어리
너무 부린 것 같아 숱다히 미안함이 든다
하지만
이런 기회 언제까지 있는 건 아니잖아
어느 날
인연이 다해 마음 혼자 훌쩍 떠나면
너 혼자 지수화풍으로 가야 하나니

애써 아낀들 무엇하랴
그 많은 날
가혹함을 떼쓰지 않아
항상 고마워하면서도
세상 사람들이 몸에 좋다는 것
한번 챙겨 먹이지도 않고
부리기만 부리기만 했으니
입이 광주리만 해도 할 말이 없구먼
뉘엿 뉘엿
또 한 해는 저물어간다
이러히 우리 모두는 가고 있네
수행하며 정진하며 잘 가야지

만들어가는 인연

큰스님 입으시던 먹물옷 한 벌
기어이 입어보고 가고 싶은 마음이
어느 날 그 문을 두드렸더니
스님 따라
보궁을 다녀온 빨래감 옷 한 벌이
기다리고 있었다
어찌 우연일 수만 있었겠는가
법으로 낡은 그 먹물옷 곱게 다듬어 입고
보살계를 받고
밤을 새워 역광장 삼천배를 하고
봉정암을 다녀오고
새벽예불에도 즐겨 입으면서
이러히
인연 하나 하나를 실로 만들어 가는데
어찌 신심이 잠들 수 있겠는가
늘 깨어서
한 생을 맞아 보내기도 무척 바쁘다
부처님을 인연하여
한 세상 또 한 세상 이 영혼이 다하도록

법계에 가득찬 진리에 순응할지니
더없이 복된 삶이어라
부처님께 은혜하는 마음으로 열었던
군법낭 지원 천팔십일 기도 회향 후
다섯 분 큰스님네 손을 잡고
말씀 나눌 수 있었던 인연
그도 인연의 도래됨이었을까
하나 둘 쌓여져가는 새로운 생
그가 어디만큼 보여오는 듯하다
오는 십이월 오일부터 이십 오일까지
서울 정토법당 통일기원 천일정진에
삼칠일간 집전 이백열 시간을 접수해 놓고
가슴 설레며 기다리고 있다
희열에 찬 열정을
통일염원 이만사천 시간 정진에 보태어
이 땅에 실어놓고 가고 싶은 마음이다
이러히 만들어가는 인연
새해부터 이천일년 이년 삼년
나의 고삐를 돌려볼 것이다
작은 것으로 큰 것을 만들며
나의 태양 나의 빛으로
팔만사천 번뇌를 녹여내고
여태껏 하던 일 다 놓고
이제 남은 여생

한 송이 연꽃을 이고 초연히
솟아오른 연꽃대처럼 한가로이
마음이 가는 대로 그러히 살리라
시방법계에
많은 부처님을 떠올리며
조용히 마음안에 부처를 만날지어다

마하 반야 바라밀

노을빛

하늘과 땅 사이
가까운 듯 먼 곳에
해가 뜨고 지고 달이 뜨고 지고
밤이면 별들이 나와 노는 곳에
무엇을 찾으러 가듯
내 영혼이 가본다
빈 마음 이러히도 가벼우네
그 멀리서 바라보니
세상살이 모나고 둥긂이 따로이지 않았다
훌쩍 지나갈 인생
눈 밝은 업이 뒤쫓아 온다고
자욱자욱 선근을 심으며 가라 하네
천년인 듯 만년인 듯
내것인 양 잡고 있던 그 모두
차례차례 떠나가고 보내고
지금은 나 혼자 다행히 밝은 거울 앞에 서있네
눈금 없는 저울 위에 서있네
그 눈금은 나더러 만드라네
여기 쓸쓸히 빈 마음 혼자 남았어도

부처님의 울 안에서 행복하나니
이것이 참으로 내것이었다
얼마나 아름다운가
빈손으로 혼자 와서 빈손으로 혼자 감을
진작에 알고
진작에 그 마음 깨워갈 수 있나니
어쩌면 다음 생 나의 서원에
이바지함이 아닐까
그 먼길 난행고행을 아끼지 않음도
그래서였을 것 같은 마음
뜨거운 가슴 끌어 안은
노을빛이 왜 이리도 아름다운가
이 한 길 찾아오느라
한마음 다 바쳐온 세월 속에
오늘을 만들어낸
내 영혼아 내 육신아

내가 본 시간

마치 죽은 듯이
존재하지 않는 것처럼
묵묵히 쓰여주는 당신 앞에
우린 너무 요란스러운 삶이었군요
어머니 열두 폭 치마폭처럼
넓디 넓어
흉 허물 모르는 당신이었던가요
존재하는 만상은
당신을 절대 필요로 하면서도
그 은혜는커녕
더러는 호들갑을 떨면서 그냥 그렇게
시간이라 칭하면서 써왔다오
그런 속에서 너무나도 태연했던 당신은
분명 시간 부처님이셨군요
먼 과거로부터 먼 미래까지
빼놓을 수 없는 광대함을 지녔음에도
우리 마음대로
있다 없다 된다 안 된다 늦다 빠르다
멋대로 쓰게 두고 화나지 않던가요

늦은 감은 크지만 지금이라도
은혜를 알고 쓰려 합니다
긴 터널에서 빠져나온 듯한 마음에서
당신을 만남은
꼭두새벽 캄캄한 저의 방을
가득채운 눈부신 광명이었습니다
삼칠일간 법화경 스물한 독 완독의
끈질긴 고행과 인내의 고비를 지나
기막히게 쫓아나온 당신을
나는 눈부시는 광명으로 만났습니다
순간 왜 시간이란 느낌이었는지
그건 나도 아직 몰라요
하지만 이젠 시간 부처님으로 저의 곁에 모시고
미래세가 다하도록
움직이는 등불로 삼으오리다
부처님께 법화경전에 시간 부처님께
머리 조아려 절하오며
그 순간을 가슴에 묻어놓고
영원히 살아서 움직이게 하렵니다
나무 석가모니불 나무묘법연화경
나무 시간 부처님 나무 마하 반야 바라밀

부처님 오신날

오늘 부처님 오신날
편안하게 잡은 일정은
정토법당 네 시간 정근의 바톤을 넘겨주고
감로사 범어사
찬찬히 하루를 보내고
본래의 자리로 돌아오니 늦은 열시 반
돌아보니 뿌듯한 하루였다
다가오는 대로 맞아보낸 일들이지만
마치 계획했던 일처럼
예상하지 않았던 일까지
허심탄회하게 털어놓을 수 있었음도
물이 흘러가듯 자연스러웠다
오랜만에 만난 도반들 정겨운 손잡고
눈 맞추며 티 없이 반가워하는 모습들 사이로
오늘 부처님 오신날은 무르익어간다
간간히 뿌리는 빗방울은
그도 부처님 오심을 기뻐함일까
대도량 점등의 장엄을 보려고
범어사를 늦은 시간에 오른다

인산 인해를 이룬 사이로
대웅전 부처님을 스물한 번 돌아나와
한 등 한 등의 밝음을 가슴에 새기며
내려 오는 길에
칠층사리탑을 스물한 번 돌며
간절히 부처님을 불러본 이색 정진
구경하는 이 한두 바퀴 따라 도는 이
함께 부처님 가까이로 다가간다
사리탑 상공을 지나가던
반쪽달이 구름 사이로 기웃거린다
오늘 부처님 오신날
한가슴 차오른 기쁨으로
산사를 내려오는 길 걷는다
차들은 쌩쌩
경기장처럼 다투어 지나가도
나는 혼자
석가모니불 석가모니불 석가모니불
얼마나 넉넉했던가
이천육백년 전 그 먼 세월을 더듬으면서
부처님을 돌면서 사리탑을 돌면서
떠오르는 태양처럼
님을 떠올렸다
하행길 한가슴 잔뜩 실린 기쁨을
허공 속으로 띄워 보내며

지금 이대로에
다 말할 수 없는 충만을 누린다
나무 석가모니불

내 안의 자리

느슨하고 넉넉하게
어느 어디 무엇에도 걸림없으려
허공같은 삶을 꿈꾸며
부지런히 쫓아 왔건만
그 자리를 맴돈 한 생이었을 뿐
그 어떤 곳에도
따로히 있지 않았다
오로지 한 마음 안에
모든 존재는 다 들어 있었다
어떻게 쓰느냐에 다를 뿐
더 멀리
삼십육만 날을 헤매어도
그마저 찾지 못했던들 어쩌랴
그 자리를 맴돎이었지만
그 방편을 쫓아 나섰기에
항상 가까이에
그 마음이 그 자리인 줄
여실히 알게 됨을 더없이 감사한다
바른 수행 바른 정진이면

세상 모든 것을
내 안에서 다 만날 수 있다
그와 함께
부처님도 찾아 헤매지 않아도
내가 항상 모시고 있음을 안다
더 나아가
육신을 조복 받으면
육신에 끌려 다니지 않으므로
이 육신을 내 마음대로
더 넉넉하고도 푸근하게 쓸 수 있다
이마저도
내 안의 자리에서 만들어야 한다
이러히 한 존재의
운명을 새로이 만드는 길이기에
우리 모두는 스스로
부지런히 바른 수행 정진으로
내 안의 자리에서
보다 성숙한 삶으로
보다 충만하여지이다

내 마음이 그러는데

한 생의 노을빛이 짙어지면서
육신이 수시로 투정을 부려와도
덩달아 나서지 말라 하네
진리가 본래 이런 것이라고
내 마음이 그러는데 그래야지요

사랑도 미움도 세월에 얹어놓고
애지중지 들고 놓고 좋아하던 것들
진작에 정 떼고 새주인 찾아 주라네
가는 길에 돌아볼 일 없게 하자고
내 마음이 그러는데 그래야지요

미운 정 고운 정 강 건너 불인 듯
피붙이 살붙이도 가까이 말래
걸리고 잡히면 멀미 난다네
가는 길 풍선처럼 가벼이 가자고
내 마음이 그러는데 그래야지요

마지막 임종길을 두려워 마래요

갓난 아기때도 잘 오지 않았냐고
일생을 쏟아부어 만든 티켓으로
새옷 갈아입고 다시 오면 된대요
내 마음이 그러는데 그래야지요

수행하며 정진하며 깨어 살았으니
길 모르고 가야 할 일 없지 않은가
이 육신 지수화풍 사대로 돌려주고
갈 때도 가벼이 다시 올 때도 가벼이
내 마음이 그러는데 그래야지요

하나 아쉬움

덧없는 세월 타고
미끄러지듯 속절없이 가는 길에
인내의 땀줄기가 지나간 자리
깊어진 주름살만이 남아
나를 지키고 있다
무수히 많은 날
그래도 멈추지 않았던 걸음
님 가까이에
이만큼 나를 데려다 놓았다
그 마음은 한가슴 뿌듯하지만
큰 하나 아쉬움
진작에 무상을 익혔더라면
출가 수행자일 수도 있었을텐데
금생엔 돌이킬 수 없는
큰 아쉬움이긴 하지만
늘 즐겨입는 먹물옷에
마음까지 듬뿍 배어들면서
한 생을 바쳐 만들어가는 다음 생
기어이 큰 서원 이루어내리다

지금은 이대로 한 세상 여미고
밝아오는 새로운 생을 맞아
가림 없는 본래의 면목으로
그 아무리
난행 고행의 긴 여정일지라도
기어이 마다 않으리다
내 맹세코
뜨거운 인연이나 차가운 인연이나
차별없는 평등으로
몸에는 가시없이
마음에는 티 없이
나무 아래서나 풀섶에서라도
마음 편안할 수 있는
큰 서원 앞에 굴하지 않아
이 몸 다하여 벗어놓고
깨어 있는 영혼으로
출가 수행만을
우선으로 골라 새집을 지어
이 마음
여한없이 펼쳐 보리라
이러히 가는 걸음
오늘도 멈추지 않는다
나무 아미타불

2000년 말 2001년 두

세상은 날로 화려해 가도
시절은 예대로
이 겨울도
동지를 지나고 소한 대한을 지나니
입춘이 가까이에 있다
유난히 추운 듯한 올겨울
남단 부산에도 두툼하게 눈이 내렸다
흔히들 말하는 이 좋은 세월에도
문명과 동떨어진 나의 삶
지하철 한두 구역 버스 두세 구역
염불하며 거뜬히 걷는다
또 한 해는 가고 다시 왔다
아무런 새로움도 느끼지 못한 채
세월만 가고 온다
수행이나 정진이나 세상살이 그 모두
얼어붙지 않았으면 좋겠다
연말 눈내린 다음 날
눈덮인 산사를 오르고 싶어
금정산사를 찾아갔다

하얀 지붕 범어사 도랑네를 한 바퀴 돌아
엉성한 잔디 위에 눈을 밟으며
합장한 손 빨가히 시리도록
사리탑 스물한 번을 돌고
걸어 오른 금정산을 걸어 내리면서
바람은 매서웠지만
염불하는 체온은 따뜻했다
얼어붙지 않은 마음
부처님 생각하면서 무척 행복했다
그 아니었다면
영하의 겨울날 걸어서
어찌 산사를 오르내렸으랴
석가모니불 석가모니불 이어진 염불은
세상만사 그 모두를
기쁨으로 만들며 간다
또 한 해를 이렇게 살리라
이따금
부처님께서 세상을 보시던
안목으로 다가서 본다
작은 돌멩이 하나 풀 한 포기에 이르기까지
사랑으로 소중함으로
일구어진 세상이거늘
하물며 사람이랴
순간 순간 스쳐가는 마음안에

천억불 함께 계시온 듯
이러히 넘쳐나는 환희심을
님은 아시옵지요
님은 보시옵지요
마하 반야 바라밀

어느 순간

비록 부처님을 향해
석가모니불 석가모니불
절을 하고는 있었지만
어느 순간
님께 바침이 아닌
자기 완성의 길이 보인다
마치 온 인류를 위하듯 사는 모든 존재도
자기 완성의 큰 폭일 뿐이리라
진리의 가르침
소박하고도
태양처럼 위대함이 있다
타에 의해서 갈 수 없는 길
대신 가줄 수 없는 길이려니
괴로움이 쉬어진 삶
행복이 쟁쟁거리는 삶
그 모두
스스로만이 일구어갈 수 있는 삶이니라
일흔이 문턱까지 왔다 (2004)
옛에 비하면 너무 많은 나이다

막내가 마흔세 살
꽤나 오래 살았다
지금쯤
정진하고 수행함이 없었더라면
세상을 바라보며
허탈하지나 않았을까
다행히 부처님을 만난 인연으로
진보물을 안고 사는 기쁨 있나니
금생의 수확이 대단한 거지
시간은
마치 흐르는 물처럼 지나간다
곱게 늙어 곱게 가고 싶은 마음
비켜 갈 수도 두고 갈 수도 없는
나의 서원이니
핑계와 게으름을 이겨내며
저 허공을 바라보는 가슴
나도 몰래 활짝 펴진다
얼마나 정진하며 얼마나 닦아야 할까
마지막 나의 서원 하나
기어이 일구어 가려는 마음
매사에 투정없이
그냥 그대로에
고운 마음 고운 모습으로
가고 싶을 뿐이라네

세   월

세월 그대는 진리이기에
미혹한 중생 눈에 보이지 않네요
언제인 듯
밤낮으로 자란 세월은
그 아득함이 가까이에 와 있다
누군가는 가고
나는 누군가처럼 와 있다
어제인 듯
그 세월마저도
쓱쓱 자라 멀어져 가나니
낸들 넌들 어쩌랴
오며 가며 자란 세월
허공 깊숙이 뿌리내려
은하수 저편까지
멂을 놓아버리고 자란다
나는 누군가처럼
누군가는 나처럼
그 세월 안에 묻혀가면서
부처님을 만난 사바인연에

가슴 뭉클이며
눈가에 이슬이 나 몰래 맺힌다
무럭무럭 자라는 세월 속에
이 몸 받아 와서 되돌려 주기까지
울고 웃으며 보낸 세월 모두
저녁 노을처럼
아름다운 추억으로 돌아서 있나니
이 모두
헤아려 못다 할
님의 은혜이기에
이 몸이 다하도록
이 영혼이 다하도록
세월 속에 엎드려 절하오리다
나무불 나무법 나무승

부처님 오신날 밤

엊그제 내린 비로
먼지 하나 일지 않는 밤
도량의 광명에 눌려
허공은 칠흑같아도
바람 한 점 없어
등등마다엔
그 몸을 태워내는 불빛으로
사뭇 아름답기만 하여라
신심이 함께 타지 않고서야
어찌 실감할 수 있겠는가
환희에 찬 마음 안에
활짝 열린 삼천 부처님전
법당 안에 법당 밖에
눈부시는 장엄들
불연이 아니었다면
어찌 이러히 만날 수 있었으랴
오늘 무인년 부처님 오신날
밖을 내다보시며
미소지으시는 거룩하신 몸으로

다이아몬드인 양
광채가 눈부셨으니
이 글을 쓰다 말고
엎드린 채 합장한 두 손으로
이마를 고으고
그 장엄을 다시 본다
육신의 눈을 지나
마음의 눈에 실어 놓아
언제 어디서나 볼 수 있는
영원한 장엄 나의 것이리라
자정은 왔는데
법향이 머문 곳을
헤치고 나오기 아쉬워
서성거렸던 마음은
지금도 끈적거린다
삼백예순다섯 날이 지나야지만
다시 오늘이 오는데
밤새 안녕을 누가 보장해주랴만
바지런한 기도
끊임없는 정진으로서 기다리리라
나무 석가모니불

보궁참배 봉정암까지

이른 새벽
오대보궁 참배길
첫 보궁 통도사를 참배하고
동해안을 내달으며 아침이 온다
한아름 갯바람에
갯내음 코끝에 다가와 있다
수평선 저 멀리
차창으로 만난 일출을 만끽하며
내달은 어느쯤에선가
아침 공양을 하고
넘실거리는 파도 위에
유난히 눈부시는 아침 햇살을
한가슴 채워 안고
기도하며 법담을 나누며
간간히 잡담도 끼워
지루함을 놓은 채
두 번째 보궁 정암사를 참배했네
다시 바쁜 듯 달려가
미시령 고개 넘어

백담사 부처님께 예배드리고
수렴동 계곡을 타고 산행에 오른다
석가모니 부처님을 부르면서
용감하게 내딛는 걸음
가다가 영시암에서 첫 밤을 묵는다
문수보살님도 뵙고 큰스님 법문도 듣고
새소리 물소리 바람소리
가슴 시리도록 한가로운 개울에서
양치하고 세수하고
열무김치 맛깔스런 아침 공양으로
다시금 부처님을 이어 부른 산행
오세암 갈림길에선
땅바닥에 엎드려
백의 관세음보살님께 절 올리고
다시 가던 길 멈추어
천주를 펼쳐 진언도 외우며
아픈 허리 다칠세라
조심스레 오른 아홉 시간
수만 번 부처님을 부르며
땀 한 방울 맺지 않고
오를 수 있었던 봉정암
이러히 가노라니
처처는 도량 아님이 없더라
발걸음 걸음마다

님의 은혜이온데
어쩌랴 이 은혜를
부지런히 수행하고 정진함이
님께 은혜함이지 않을까
부처님 뇌사리탑전
밤은 깊어가는데
그 밤 따라 세찬 바람은 몰아쳤지만
피곤함을 잊은 채
부처님을 부르며 절을 하며
물러서지 않고 지샌 그밤
이 육신이 다하고
이 영혼이 다하는 그날까지
영원히 꺼지지 않는 등불이 되어
한 마음 환히 밝혀 지켜주리
나무 석가모니불

삼보일배

맨손에 버선발로
보타락가산 해제사 삼보일배
육십년 초행길 엎드려 오를 때
지나가던 길손이 비켜서던 날
흙바닥에 엎드려
관세음보살 관세음보살
눈시울을 적시며 감격했던 날
너무 행복했었지
더듬어 생각해도
가슴이 찡함을 어쩌랴
하늘 저편 산을 넘어
바다를 건너서
가물가물 기억조차 흐려져가는
그 머언 먼 곳에
무지갯빛 서광이
멈추어 있을 것만 같다
세월은 자꾸만 멀어져가도
그때를 바라보는 마음
점점 더 가까이에서

새록새록 돋아나
세월 사이를 비집는
좀처럼 시들지 않는 간절함으로
다시금 빚어 울궈 그맛을 보면서
마치 그때인 듯 빠져본다
항로로 육로로 수로로
멀디 먼 그 하늘을 바라보며
신심이 머문 아름다운 추억으로
그날을 그려낸다
보타락가산 관세음보살님이시여
인연의 끄나풀은 멀어져 있어도
님 향한 마음
그때 그대로이옵니다
저희들 마음속에 나투소서
관세음보살님 관세음보살님

다시 와도 또 다시 와도

한평생
애쓰고 수행하는 수고로움은
어느덧 지나가고 마는데
인과의 도리는
호리도 어긋남이 없음을 알면
어찌 무엇을 머뭇거릴 수 있으랴
부단히 이겨온 날은 가고
다 낡은 경전
길들여진 염주 천주
다 낡은 육신
앞뒤로 구멍난 잿빛 법바지
이것이 나의 전부이다
어디에 나를 두랴
무엇에 나를 두랴
한가로운 마음
한가로운 영혼일 뿐이다
무심히 허공을 우러르니
무상이 어깨를 나란히 허공을 떠다닌다
불가에 입문하여

이러히도 한가로운 기쁨들을
이러히도 한가로운 나날들을
님이 그냥 주셨을까
한평생 놓지 않았던 무거운 인내로
난행 고행에도 물러섬이 없었던
삼십성상을 넘어 후딱 가버린 세월
묵묵히 그 숱한 날을 다시 본다
그 세월 속에 사려 담긴 신심
이 땅의 사계처럼
아름다워라
향기로워라
보배로워라
가볍게 가볍게 지니고 다닐 수 있는
고귀함이어라
이대로 한 세상 닫고
다시 와도 또 다시 와도
나의 신심 이대로면 족하리라
이 사바에
이 마음을 심어
이 마음을 가꾸며 살리라
옥에도 티가 있고
비단에도 흠이 있다지만
애써
티도 흠도 지우며 살리라

금생에 쌓아놓은 나의 양식으로
피와 살이 되어 살리라

손녀랑 연꽃이랑

연꽃이라면
그 얼굴이 보이건 보이지 않건
항상 마음속에 피어 있다
오탁에 물들지 않음으로
불교를 상징하는
부처님을 떠올리는 꽃으로
꽃 중에 꽃 연꽃이다
우연한 기회는
나를 연꽃 소류지로 몰고다닌다
두구동
왕복 각 사십오 분씩
구십 분을 걸어서
오후 한나절 총총
게으르지 않게 다녔다
일곱 번째인 오늘은
손녀 민경이랑 갔다
도착하자 얼마나 좋아하던지
들고 있던 부채를 내게 주면서
두손을 모아 합장 반배

어쩜 그렇게도 정중히 하겠는가
어찌나 이쁜지
민경아 하면서 깜짝 놀라니
할머니
부처님께 인사해야지요
그래 그래 잘 했어
하면서 껴안아 주었다
예쁜 연꽃송이만큼이나
예쁜 민경이
애는 한번씩 나를 놀라게 한다
가끔 인연 이야기를 할 땐
어린아이답지 않을 때가 많아
과거 생에 심어진 불연이
눈에 띄게 보인다
언젠가
민경아 너랑 나랑 무슨 인연일까
그 말이 떨어지기도 전에
할머니 좋은 인연이예요
맞아 좋은 인연일 거야
다음 생에도 더 좋은 인연으로
만날 수 있을까
할머니 할머니가 돌아가시면
내 애기가 되면 되잖아요
나는 깜짝 놀라

말을 잇지 못하고
애를 바라보다
민경아 뭐라고
할머니가 내 애기가 되면 되잖아요
그래서 맞아 그러면 되겠구나
그 말이 어떻게
머리로 짜낸 말이겠는가
항상 예리한
눈으로 지켜 본다

묘지엘 다녀오면서

솔밭산 가는 길 버스 안에서
깍지낀 손으로 턱을 고으고
넋 나간 사람처럼 창밖을 본다
아무 생각 없이
멀리 떠나버린 날을 떠올려본다
숱다히 많은 기쁨 슬픔 떼들이
기승을 부리고 지나간 자리
조용히 본래로 있구나
두툼하던 겨울이 언제인 듯 지나고
냉이꽃 씀바귀꽃 엉겅퀴꽃 내음
살며시 실바람에 일어서는
봄날이 봄날이 와 있네
오늘따라 유달리
가슴팍에 사무치는 해맑은 하늘이네
당신이 두고간 육신을 묻어둔
솔밭산 공원 가족묘지
마음 따라 여기 왔네
진종일 잡초도 뽑고
울타리 단장도 하며

지루함도 모르고 힘듦도 잊었으니
이러히 하나하나 스스로 만들어가는 일들
훗날
영롱한 무지개처럼 아름다우리
숱다히 많은 날 예불하며 정진하며
온 인류를 위한 마음
일체 중생들 모든 고통 모든 아픔
모든 재해 모든 괴로움에서 벗어나길
세상 속으로 빌어 보냈나니
세상 사연 다 싣고 세월 가네 나도 가네
이것이
나의 기쁨 나의 행복
나의 일상이 되어
이승에서 저승까지 이어지길 바란다
묘지엘 다녀오면서
이러히 한가로움 쉬어 있었네

님 따라 삼십 성상

님 따라
신발끈 조여매고 나선 지
어언 그 세월 삼십 성상
그 누구도 막지 못할 길이었기에
오로지 한 생각
부처님을 떠나지 않는 삶
다시 죽음까지도
이제 한 달 후면 이천오 년
흰머리 성성한 일흔이 된다
치솟던 신심의 불길은
서서히 줄어들지만
그 마음이야 어찌 줆이 있으랴
석가모니 부처님이 계신 사바세계
나 여기에서
지칠 줄 몰랐던 정진으로
얽힌 삼십년 세월
어찌
그토록 뜨겁게 쫓아올 수 있었으랴
멋이 있게 살아가는 나의 한 생을

돌아보는 순간 희열에 차
주르르 눈물이 흐른다
이 글을 쓰다 말고 잠시 돋보기를 내리고
휴지를 뽑아 눈물을 훔친다
만일
이것이 서러움이라면
이것이 아픔이라면
얼마나 괴롭겠는가
얼마나 불행하겠는가
맞 창문을 열 듯
마음을 활짝 열고
먼 허공 속에서 나를 본다
그 아무리 행복해도
그 아무리 불행해도
그 시간은 간다 멈추어 있지 않다
그 세월은 흐른다
웃기도 하면서 울기도 하면서
살아 있음이 그런 것이기에
한 가슴 채워 안은 여유로움은
바쁨 속에 한가로움으로
한 세상 살다 가는 지극함이니
그윽한 나만의 향기 피어 오른다
저 허공 속으로
거룩하신 님의 은혜

236

드높은 창공이어라
짙푸른 바다이어라
만물이 소생하는 대지이어라
아! 무상 무상이여
그 밑바닥에서
님 따라 늦추지 않았던 삼십 성상
늘려보니 일만 날일세
사방팔방 상하방으로
돌아 돌아 돌아봐도
님의 은혜 아님 없네
이러히
더 구할 바 없는 마음
마치 저 허공에 기댄 듯
넉넉함일세 가득함일세
이러히 좋아하면서
이러히 살다 이러히 가리라
님 따라 만세 만세 만만세

불자로써

마음만 잘 쓰면 되지
행만 잘 하면 되지 뭐
이럴 수도 있겠지만
정진하지 않으면 나도 모르는 사이
신심이 얕아지고 해이해지나니
필히 수행정진이 상순위임을 들고 싶다
불자로써 아무리 자신 있어도
하루 백팔배 정도의 참회
그 이상이면 말할 나위 없지만
내가 성숙하는 정진은 해야지 않을까
이 세상에서
가장 거룩한 것이라면
나와의 약속이리라
상대가 없음은 허공의 자리다
그를 어기면
나를 버리고
나를 망가지게 하고
나를 박살나게 함인데
어찌 어길 수 있으랴

약속을 지켜 나를 지키고
약속을 키워서 나를 키우고
약속을 딛고 나는 일어서나니
나와의 약속은
허공과의 약속임을 알아
참불자의
여법한 길을 약속하면서
오늘마다
부처님께 감사드린다
한 생의 뒤안길에서
소리 없이 가고 있는 내생 길
너무나도 열심히 가고 있기에
그 큰 보람 가없어
육안으로 어이 다 보랴
마음으로 볼 수밖에

나의 인생길

가을바람에 낙엽처럼
왔다 가면서
왠지
잘 살다 가는 한 생이라 말하고 싶다
부처님을 만난 인연
얼마나 자랑스러운가
그 은혜 입어
걸리지도 잡히지도
걸지도 잡지도 않는 마음 있어
놓아진 그 자리 무척 편안하네
무엇을 어떻게 여기까지
자신도 모를
인내의 뜨거움이 함께 했을 뿐
누구나처럼 나도 오고
나처럼 누구나도 왔다네
하지만
가는 길은 닮은 듯
서로 다르기만 하니
생각도 마음도 행함도 이룸도

같은 듯 각각이었네
빈손으로 와서 빈손으로 가는 길
매달린 마음 풀어보면
얼마나 편안한가
티 없이 빈손으로 왔듯이
티 없이 빈손으로 가려
하나 둘 내려보는 마음
더 없이 기쁘네
만년 나그네길
뉘라서 얽어묶어 살라 했던가
고개를 들어 허공을 바라보니
이천사 유월 삼십날
오늘에사
저 허공 주인 없음을
가슴 시리도록 느껴본다
내가 가져도 되는 내것마냥
마치 내 영혼같은 가녀림이
한 뼘 가슴을 쓸고 간다
낙엽 빈손 나그네 허공 영혼
그 모두 얼마나 아름다운가
왜 그렇게들 아름다운가
찰랑거리는 여울진 가슴 안고
무척 행복하다
정녕 님의 은혜가 깃들여졌음이리라

불쑥 찾아간 연지

입추를 지난
후덥지근한 오후
비가 많이 온다는데
불현듯
굵은 빗방울을 우산으로 받으며
연지뚝에 서 보고 싶은 마음
훌쩍
실행으로 나선다
접힌 우산을 들고
작은 부채 하나 곁들여
연잎에 구르는 물방울도 볼 겸
비 오는 날
신나는 꿈을 몸으로 눈으로
마음도 함께 꾸러 간다
지하철 노포종점에 내려
체육공원 싱그러운 초가을 사이로
사십오분 동안 관세음을 부르며
신나는 가벼운 걸음이었다
선두구동 사무소를 지나

넓은 상추밭을 끼고
큰 도토리 나무가 지켜주는
아름다운 연지
오탁악세를 상징하듯
고인 구정물 속에서
가지에서 가지를 볼 수 없는
잎은 잎다히
꽃은 꽃다히
서로의 줄기는 따로따로
수행자가 외로움을 초월하듯
수려하게 피어 있구나
오므렸던 꽃잎 활짝 열리면
씨방 속에 연밥 영그네
피고 지고 수백 수천 송이
그중에 유난히 아름다운 한 송이
해맑아히
고운 장삼자락 드리우고
알알이 염주알
품어 안고 영그리며
온몸으로
초가을 실바람에 실린 초연한 모습
아!
두고 두고 그래도 그래도 보고 싶을
아련한 모습이어라

무시무종

어연간 한 생이 기울어 있다
이러히 금생의 인연 또한 다해간다
인연이 다하면
우린 서로 멀어져 남남인 것처럼 되어가겠지
뚫어보면
인간사 남이 없는 남남이 아닐런가
무시무종을 열어보면
어찌 혈연 아님이 있겠는가
부처님께서
해골 무더기에 절하심처럼
남이 아닌
남남으로 우린 살고 있을 뿐이지
심히 살펴보건데
남남인 듯
남남이 아님을 이제사 안다
그렇다면 우린 모두 한 몸이지 않는가
서로가 서로를 걱정하며 보살피며
그럴 수 있어야겠구나
억겁의 인연 속에서

우린 서로 부모도 자식도 형제도
조 증조 고조
손 증손 고손
돌아돌아 시작도 끝도 없는
억겁의 인연 속에 남이 없으리라
너가 나고 나가 너였을 뿐이리다
우리 함께 다독이며 살아야 할
깊은 인연들이
서려 있음을 생각해 보면서
가슴폭이 넓어지는 건지
좁아지는 건지 가름할 수 없는
알지 못할
말이 없는 세계로 가본다
이러히
무상함을 되뇌이며
인과의 선악을 기웃거려본다
오늘 오늘마다
소중한 삶의 순간들임을
이따금 깨어
그 맛을 가미하면서
곱게 영글어 곱게 지니고 싶어져도
그마저 훌훌 털어 저 허공 속으로
띄워보내야 할 것 같은 마음은
바쁨 속에 한가로움으로 남는다

허공 속의 나의 모습

묵묵히 걸어가는
먹물배인 뒷모습을
마치 지금인 듯 바라본다
오는 생애
소박한 나의 모습을
나는 지금
그 앞모습이 아닌 뒷모습을
명상으로 보는
허공 속의 나의 모습
그러면서
가슴 뭉클함을 맛본다
얼마나 멋있는가
빈 바랑인 듯
헐렁한 잿빛 바랑을
가벼히 등에 업고
싹싹 민 민둥머리에
상하의 먹물빛 차림으로
회색 양말에 하얀 고무신
그 먼 훗날 나의 모습을

지금인 듯 바라보면서
나는 무척 행복해한다
보다 더 큰 행복이 무엇이랴
오로지 그날을 위하여
기억 속에선 지워지건 말건
염불 한 번 더하고
경전 한 장 더 넘기고
절 한 번 더 하면서
반 세기를 투자하여
나의 습을 키워간다
지금 생을 거울삼아
내생을 설계해 가나니
스스로 무한한 행복을 일군다
더 갖고 더 쓰고 더 먹고
더 입고 더 쌓는 것이
편안히 빈손 풀고 가는 길에
무슨 의미가 있겠는가
다행하게도
부처님을 만난 인연으로
그것을 알고 그것을 행하기에
한 생각 멈추지 않나니
얼마나 다행한가
이제 어떤 경우에도
먹는 것 입는 것 소유하는 것쯤에선

떨어져 나와 아무 감각이 없다
업만을 짊어지고
빈손으로 가야 함을
한 순간 놓지 않고
오지랖에 싸고 있기 때문이리라
어찌 불철주야
부처님께 감사함을 내려놓으리

병자년을 돌아보며

다사다망했던 일들이
훌훌 떠나가 버린 체
기억조차 흐려져 있네
탐욕의 화려함을 꿈꾸기보다
그냥 그렇게 편안함으로
모여 살고 싶은 마음
누가 말한 청빈이던가
그 말 한 마디
가슴이 시리도록 아름답다
님의 양식으로 살 찌워가는 마음
항상 넉넉하니 부자다
지난 사오년간
나의 전폭 기도 기간이었다
엄청난 서원을 눈금 하나
어기잖고 행할 수 있었던
나의 전성기였었다
병자년 납월 그 뜨거운 가슴으로
부처님 발자취 따라
이천육백년 전으로 다가서 보았다

발걸음 닿는 곳마다
목청 높여 님을 부르며
흙밭에 풀밭에 돌밭에
그냥 그대로 무릎 꿇고 엎드려
절하던 순간 순간들
그리움으로 아른거린다
미혹한 중생의 눈으로
님이 남기신 맨발의 자취
찾아볼 수 없었음이 애석했다
아직도 우리 스님 목탁소리
도반들의 염불소리 귓가에 맴돈다
아스라이 님의 향기가 서린 땅
불생 가비라
성도 마갈다
설법 바라나
입멸 구시라
부처님을 떠올리면서
사대 성지를 읊어본다
바람 되어 구름 되어서라도
다시 가보고 싶은 곳이어라
기원정사 잔디밭에
우리 스님 우리 도반들
큰 하나의 ○이 되어서
서로 마주 큰절 삼배를 내려 놓은 땅

그때로 돌아가고 싶어라
더 아름다운 늙음으로
더 아름다운 죽음으로
더 아름다운 태어남으로 가는 길에
님이 주신 살아 움직이는 연꽃 한 송이
그 땅에서 안고 온 마음
이제 탐진치는 그림자까지
보리되리 자비되리 은혜되리
뉘엿뉘엿 저무는 한 해
내 쏟아부은 모든 것
고스란히 이 세간에 회향하는
병자년이 허공 속으로 묻혀간다

한 세상 이것인 것을

곱게 물들어가는 노을빛을
조용히 받아 안고
다행히도 그를 만끽하는 내 영혼
여유와 한가로움이 충만한
저 허공 속에 꽂아놓은
나의 깃발
비로자나 부처님의 가피더냐
광명 진언의 은혜이더냐
마음 눈 부셔라
아름다워라
이 가슴에
환희의 충만이 모여들어
찰랑찰랑 소리없이 넘쳐난다
깨어질 듯 버려질 듯
산산조각 날 것 같았던
내 영혼
지금은 그 아닌
솜사탕 같은
명주솜 같은

한자락 구름 위를 노닌다
대자유인으로
한세상
이것인 것을…
지난날 절절히 꿈꾸던
탐욕의 꿈 번뇌의 꿈
아스라이 멀어져 보내고
남은 자리에
채워야 할 것이 무엇인가
모자라 구함이 무엇인지조차도
알 수 없이 남은 것 있는 것뿐이네
한 세상 이것인 것을…

일진행

1936년에 태어났다. 결혼 후 시조모님과 시어머님을 따라 절에 다니기 시작하였다. 처음에는 단지 기복적인 바람만을 가지고 불교를 믿었으나, 40대에 들어서 집안의 큰 어려움을 겪고부터 정법에 눈을 뜨기 시작하였다.

이후 불교란 자기를 다스리고, 자기를 만들어 가며, 자기의 운명을 바꾸는 길이라는 믿음으로, 스스로 계획을 세워 30여 년 동안 스님만큼이나 엄격하게 신행생활을 해오고 있다.

지난 세월의 삶의 기록이자 신행생활의 자취를 담은 『노보살 일진행의 행복한 고행』에 이어, 역시 그동안 간간히 써 놓았던 시들을 모아 이렇게 책으로 엮었다. 그야말로 마음이 움직이는 대로 쓴 시들이기에 현란한 기교나 수사는 없을지라도, 칠순 노보살의 신행에 대한 치열함과 부처님에 대한 절절한 마음이 고스란히 묻어난다.

허공 속의 무영탑

초판 1쇄 발행 2009년 8월 21일 | 초판 1쇄 발행 2009년 8월 31일
지은이 일진행 | 펴낸이 김시열
펴낸곳 운주사 (136-036) 서울 성북구 동소문동 6가 25-1 청송빌딩 3층
전화 (02) 926-8361 | 팩스 (02) 926-8362
ISBN 978-89-5746-231-7 03220 값 10,000원
http://www.buddhabook.co.kr